열정으로 가득한 초심자의 마음가짐으로,
독자님과 함께 커가는 지식의 나무가 되겠습니다. 열정 100% 씨앤톡

이것만 알면 통한다
한자능력 검정시험

7·8급

이것만 **알면 통**한다
한자능력검정시험 7·8급

초판 발행	2010년 02월 19일
초판 19쇄	2025년 03월 25일
발행인	이재현
발행처	리틀씨앤톡
등록일자	2022년 9월 23일
등록번호	제 2022-000106호
ISBN	978-89-6098-112-6 (13710)
주소	경기도 파주시 문발로405 제2출판단지 활자마을
홈페이지	www.seentalk.co.kr
전화	02-338-0092
팩스	02-338-0097

ⓒ2010, 리틀씨앤톡

본 책은 저작권법에 의해 보호를 받는 저작물이므로 무단 전재와 복제를 금합니다.

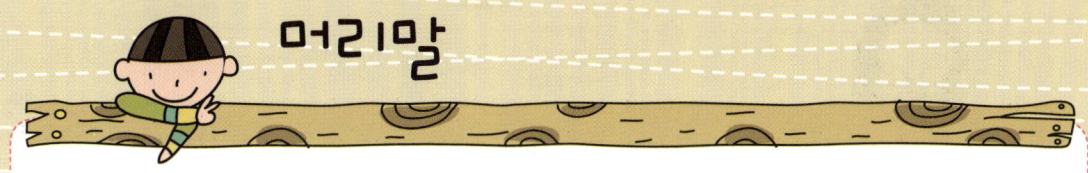

머리말

우리말의 70%는 한자어입니다. 여러분 자신도 모르게 이미 많은 한자어를 알고, 일상생활에서 활용하고 있습니다.

부모, 형제, 우정, 학교, 교실, 시험, 기차, 비행기

이 중에서 여러분이 모르는 단어가 있습니까? 위의 단어들은 모두 한자로 이루어진 한자어입니다. 한자를 공부해 본 적이 없다고 해도 이미 많은 한자어들의 뜻을 알고, 말하고 있습니다. 그만큼 한자는 우리의 언어생활에 있어 빠질 수 없는 중요한 문자입니다. 지금 여러분이 공부하는 한자는 단순히 시험 합격을 위한 것에 그치지 않고, 어휘력을 향상시켜 언어생활도 더욱 풍부해질 것입니다.

7, 8급 배정한자는 쓰기도 간단하고, 일상생활에서 많이 쓰는 한자입니다. 이 책은 처음 한자를 배우고 익히는 여러분들이 보다 쉽고 재미있게 한자를 공부할 수 있도록 구성하였습니다. 한자의 뜻을 주제별로 나눠서 서로 연관이 있는 한자를 함께 익힐 수 있습니다. 한자를 소리 내서 읽고, 여러 번 써보십시오. 한자를 바르고 예쁘게 쓸 수 있는 순서를 따라서 한 자씩 써나가다 보면 어느새 많은 한자들을 읽고 쓸 수 있을 것입니다.

지금 배우고 익히는 기초한자는 상위등급의 한자시험에도 계속 출제가 됩니다. 이 책으로 기초를 확실히 다지시고, 한자 학습을 꾸준히 해나가시길 바랍니다. 여러분들의 한자학습과 수험서로 좋은 동반자가 되기를 바라며 합격을 기원합니다.

이 책의 활용방법

한자 형성의 기본 원리, 부수, 한자를 쓰는 순서에 대한 원칙을 먼저 학습하도록 했습니다. 7급 배정한자 100자와 8급 배정한자 50자, 총 150자의 뜻을 주제별로 분류하여 서로 연관이 있는 한자들을 같이 익히도록 했습니다. 두세 가지 주제의 한자 학습을 마치면 확인학습을 통해서 학습내용을 확인합니다.

● **배정한자**

- **훈음, 부수, 총획수** : 한자의 기본 구성인 훈과 음, 부수, 총획수를 명확하게 기재했습니다.
- **반의자, 동의자, 비슷한 한자** : 해당 한자의 뜻과 반대되는 반의자, 뜻이 같거나 유사한 동의자, 한자의 모양이 비슷한 한자를 함께 실어 심화학습을 돕습니다.
- **한자해설** : 한자의 형성 원리, 한자를 구성하는 부분 한자들의 뜻을 풀이하는 해설로 쉽게 이해할 수 있도록 했습니다.
- **출제단어** : 시험에 출제된 단어들 위주로 구성하였으며, 일상생활에 많이 쓰이는 한자어입니다.
- **빈칸 채우기** : 배운 한자를 문장 속에서 활용하고, 어휘력을 향상시키기 위한 심화학습 문제입니다.
- **배정한자 따라 쓰기** : 한자쓰기는 한자 암기의 좋은 방법입니다. 한자를 외우면서 바로 써볼 수 있도록 한 페이지 안에 따라 쓰기 칸을 넣었습니다.

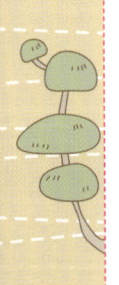

● 유형별 한자 학습

한자의 뜻이 비슷한 유의자, 반대되는 반의자, 독음은 같지만 뜻이 다른 동음이의어, 쉬운 사자성어를 정리했습니다. 7급 시험에 유익한 유형별 한자 학습입니다.

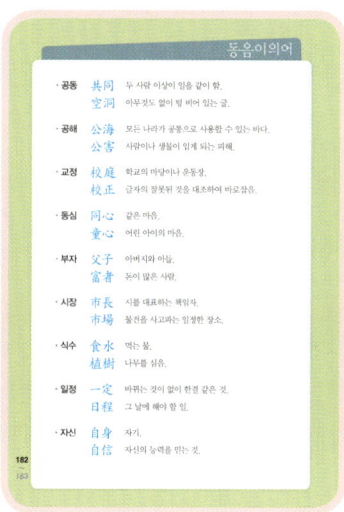

● 실전 모의고사

시험에 나오는 유형에 따라 8급 모의고사 2회분, 7급 모의고사 2회분을 수록하였습니다. 실전처럼 답안지에 문제를 풀어보기 원하시는 분은 씨앤톡 홈페이지(www.seentalk.co.kr)로 오시면 답안지(pdf파일)를 다운받으실 수 있습니다. 출력해서 활용하십시오.

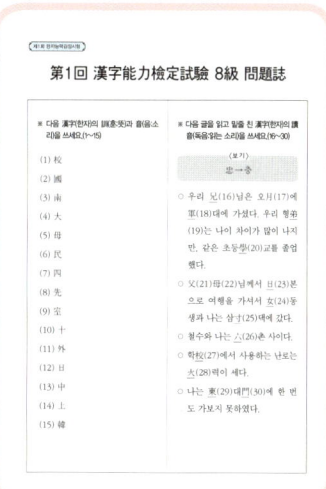

목차

- 한자능력검정시험 안내 … 7
- 한자의 육서 … 8
- 한자의 부수 … 10
- 한자의 필순 … 12
- 배정한자 미리보기 … 15
- 배정한자 익히기 … 20
- 확인학습 정답 … 177
- 유형별 한자 학습 … 180
- 8급 실전 모의고사 1회 … 185
- 8급 실전 모의고사 2회 … 187
- 7급 실전 모의고사 1회 … 190
- 7급 실전 모의고사 2회 … 193
- 실전 모의고사 정답 … 196

한자능력검정시험이란

사단법인 한국어문회가 주관하고 한국한자능력검정회가 시행하는 한자능력 측정시험입니다. 매년 4회의 시험을 실시하고 있습니다. 8급에서 4급까지는 교육급수로 하고, 3급Ⅱ에서 1급까지는 공인급수로 구분하며, 일반적으로 초등학교에 1,000자, 중고등학교에 1,000자, 대학교에 1,500자를 배정하여 총 3,500자에 이릅니다.

 한자능력검정시험 7급, 8급 합격기준

구분	7급	8급
출제문항	70	50
합격문항	49	35

※ 1문항 당 1점으로 급수별 만점은 출제문항 수이며, 백분율 환산 점수를 사용하지 않습니다.

 한자능력검정시험 7급, 8급 배정한자

급수	한자수	수준 및 특성
7급	150(8급 50자 포함)	한자 공부를 처음 시작하는 분을 위한 초급 단계
8급	50	미취학생 또는 초등학생의 학습 동기 부여를 위한 급수

※ 7급과 8급에는 한자 쓰기 문제가 없습니다.

 한자능력검정시험 7급, 8급 출제기준

구분	7급	8급
독음	32	24
훈음	30	24
완성형	2	0
반의어	2	0
뜻풀이	2	0
필순	2	2
총 출제문항	70	50

✤ 상세한 시험 안내는 한국어문회 홈페이지(www.hanja.re.kr)를 참조하십시오.

한자의 육서

육서는 한자를 만든 여섯 가지의 원리를 말한다. 그 여섯 가지 원리는 상형, 지사, 회의, 형성, 전주와 가차의 방법이다.

상형(象形) - 사물의 모양을 본떠서 만든 글자이다.

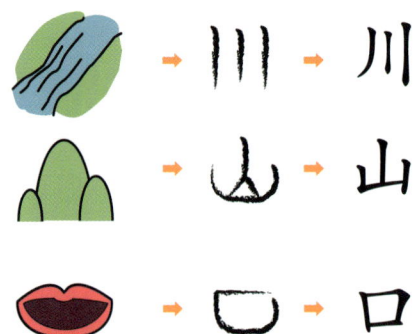

지사(指事) - 그림으로 표현하기 힘든 내용을 선과 점 등을 이용하여 나타낸 글자이다.

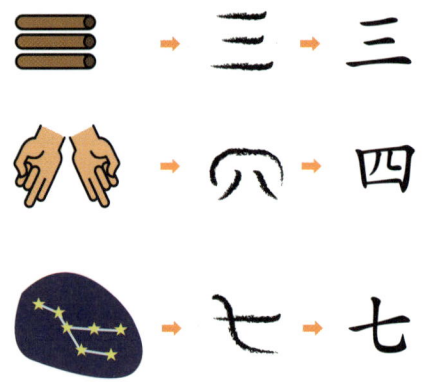

회의(會意) – 두 개 이상의 글자가 뜻으로 합쳐져 새로운 뜻이 된 글자이다.

力(힘 력) + 口(입 구) → 加(더할 가)

門(문 문) + 日(날 일) → 間(사이 간)

형성(形聲) – 뜻 부분과 음 부분이 합쳐져서 새롭게 만들어진 글자이다.

雨(비 우) + 相(서로 상) → 霜(서리 상)

木(나무 목) + 同(한가지 동) → 桐(오동나무 동)

전주(轉注) – 글자의 뜻이 바뀌어 다른 뜻으로 변한 것으로 의미가 확대, 유추된 경우이다.

樂
- 풍류 악: 音樂(음악)
- 즐거울 락: 娛樂(오락)
- 좋아할 요: 樂山樂水(요산요수)

가차(假借) – 의미는 상관없이 소리가 비슷한 한자를 빌려서 나타낸 글자이다.

이탈리아(Italia) → 伊太利(이태리)

한자의 부수

변 글자의 왼쪽에 위치한 부수를 '변'이라 한다.

亻(사람인변) : 仁(어질 인), 仙(신선 선), 仕(섬길 사)
彳(두인변) : 後(뒤 후), 徑(지름길 경), 很(어길 흔)
忄(심방변) : 情(뜻 정), 性(성품 성), 惟(생각할 유)

방 글자의 오른쪽에 위치한 부수를 '방'이라 한다.

刂(칼도방) : 利(이로울 리), 劍(칼 검), 刻(새길 각)
卩(병부절방) : 卯(토끼 묘), 印(도장 인), 卵(알 란)
阝(우부방) : 部(떼 부), 邦(나라 방), 邱(땅이름 구)

머리 글자의 위쪽에 위치한 부수를 '머리'라고 한다.

冖(민갓머리) : 冠(갓 관), 冥(어두울 명), 冢(무덤 총)
亠(돼지해머리) : 亡(망할 망), 交(사귈 교), 京(서울 경)
艹(초두머리) : 草(풀 초), 芒(가시랭이 망), 芳(꽃다울 방)

엄 글자의 위에서 왼쪽아래까지의 부수를 '엄'이라 한다.

尸(주검시엄) : 屍(주검 시), 尺(자 척), 局(판 국)
广(집엄) : 店(가게 점), 底(밑 저), 座(자리 좌)
厂(민엄호) : 厄(재앙 액), 原(언덕 원), 厭(싫을 염)

발
글자의 아래 부분에 위치한 부수를 '발'이라 한다.

儿 (어진사람인발) : 兄(형 형), 允(진실로 윤), 光(빛 광)
灬 (연화발) : 熱(더울 열), 無(없을 무), 焦(그을 초)

책받침
글자의 왼쪽에서 아래로 걸친 부수를 '책받침'이라 한다.

辶 (갓은책받침) : 道(길 도), 過(지날 과), 近(가까울 근)
廴 (민책받침) : 延(늘일 연), 建(세울 건), 廷(조정 정)

몸
글자 전체를 에워싸는 부수를 '몸'이라 한다.

凵 (위튼입구몸) : 凶(흉할 흉), 凹(오목할 요), 出(날 출)
匚 (터진입구몸) : 區(구역 구), 匠(장인 장), 匱(함 궤)

제부수
글자 자체가 부수인 것을 '제부수'라고 한다.

生(날 생), 父(아비 부), 金(쇠 금), 竹(대 죽), 食(밥 식),
音(소리 음), 牛(소 우) 등.

한자의 필순은 반드시 이대로 써야 하는 엄격한 규정이 있는 것은 아니다. 오랫동안 사람들이 한자를 쓰면서 보다 쓰기 편하고, 글자의 균형미를 살려주는 규칙을 만들어 온 것이다. 일반적으로 널리 쓰이는 필순의 원칙을 알아보자.

1 위에서 아래로 쓴다.

工 工 工

2 왼쪽에서 오른쪽으로 쓴다.

3 둘러싼 밖을 먼저, 안을 나중에 쓴다.

田 田 田 田 田

4 내려 긋는 획을 먼저, 삐침을 나중에 쓴다.

小 小 小

5 왼쪽 삐침을 먼저 쓴다.

① 좌우에 삐침이 있을 경우

赤 赤 赤 赤 赤 赤 赤

② 삐침 사이에 세로획이 없는 경우

六 六 六 六

6 세로획을 나중에 쓴다.

甲 甲 甲 甲 甲

7 가로 꿰뚫는 획은 나중에 쓴다.

子 子 子

8 오른쪽 위의 점은 나중에 찍는다.

犬 犬 犬 犬

9 책받침은 나중에 쓴다.

近 近 近 近 近 近
近 近

10 가로획과 세로획이 교차하는 경우 가로획을 먼저 쓴다.

古 古 古 古 古

8급용 배정한자

校 학교 교	敎 가르칠 교	九 아홉 구	國 나라 국	軍 군사 군	金 쇠 금/성 김
南 남녘 남	女 계집 녀	年 해 년	大 큰 대	東 동녘 동	六 여섯 륙
萬 일만 만	母 어머니 모	木 나무 목	門 문 문	民 백성 민	白 흰 백
父 아버지 부	北 북녘 북/달아날 배	四 넉 사	山 메 산	三 석 삼	生 날 생
西 서녘 서	先 먼저 선	小 작을 소	水 물 수	室 집 실	十 열 십
五 다섯 오	王 임금 왕	外 바깥 외	月 달 월	二 두 이	人 사람 인

一	日	長	弟	中	靑
한 일	날 일	긴 장	아우 제	가운데 중	푸를 청

寸	七	土	八	學	韓
마디 촌	일곱 칠	흙 토	여덟 팔	배울 학	한국·나라 한

兄	火
형 형	불 화

7급용 배정한자

家	歌	間	江	車	工
집 가	노래 가	사이 간	강 강	수레 거·차	장인 공

空	口	記	氣	旗	男
빌 공	입 구	기록할 기	기운 기	기 기	사내 남

內	農	答	道	冬	洞
안 내	농사 농	대답 답	길 도	겨울 동	골 동/밝을 통

배정한자 익히기

자연	20
방향	38
장소	51
숫자	67
시간	82
신체	95
사람	99
감정	114
사물	118
상태	124
동작	141
기타	163

> 자연

7급

天

하늘 **천**

사람(大)의 머리 위에 있는 허공(一)은 **하늘**이다.

총 4획 부 大

동의자
乾 하늘 건

반의자
地 땅 지

天 天 天 天

출제 단어
天下 천하 : 하늘 아래의 온 세상.
天氣 천기 : 하늘의 기상.

빈칸 채우기
우리 형은 모르는 게 없는 ___才(천재)다.

이 사실을 알고 있는 사람은 ___地(천지)간에 우리 둘 뿐이다.

7급

땅(土)의 구불구불한 모양을 본뜬(也) 글자이다.

종 6획 부 土

반의자
天 하늘 천

땅 지

地 地 地 地 地 地

| 出제
단어 | 土地토지 : 터. 영토.
天地천지 : 하늘과 땅. 우주. |

| 빈칸
채우기 | 우리가 살고 있는 ___球(지구)를 더 사랑하자.
지난 주말에 ___下鐵(지하철)을 타고 할머니 댁에 다녀왔다. |

> 자연

8급

해의 모양을 본뜬 글자로 **하루**의 뜻으로 쓰인다.

총 4획 부 日

반의자

月 달 월

날 **일**

日 日 日 日

출제 단어

每日 매일 : 하루하루의 모든 날.

日記 일기 : 자기의 생각을 솔직하게 적는 글.

빈칸 채우기

한국과 ____本(일본) 과의 축구경기에서 한국이 1대 0으로 이겼다.

자기 전에 ____記(일기)를 꼭 써야 한다.

☐ 8급

달의 모양을 본뜬 글자이다.

총 4획 부 月

반의자
日 날 일

달 **월**

月 月 月 月

출제단어

月出 월출 : 달이 솟아오름.

月下 월하 : 달빛 아래.

빈칸 채우기

도서관은 每___(매월) 둘째 주 월요일에 문을 닫는다.

正___(정월) 대보름 밤에 달을 보면서 소원을 빌었다.

> 자연

8급

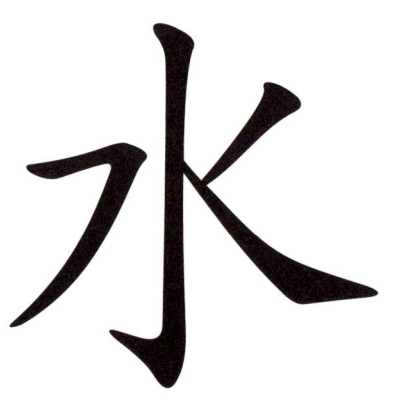

총 4획 부 水

반의자
火 불 화

물 수

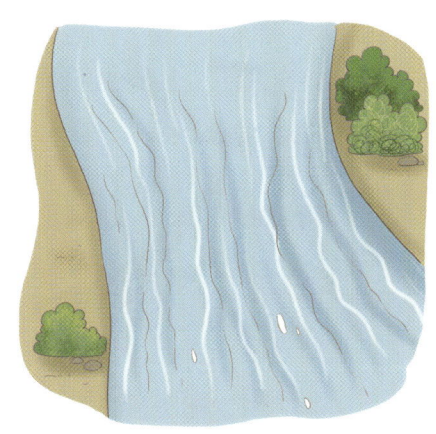

水 水 水 水

출제단어
山水 산수 : 산과 물, 자연의 산천을 일컫는 말.
水面 수면 : 물 위.

빈칸 채우기
깊은 바다에서 ___泳(수영)하는 것은 위험하다.
우리 동네에는 커다란 湖___(호수)가 있다.

 8급

불이 타오르고 있는 모양을 본뜬 글자이다.

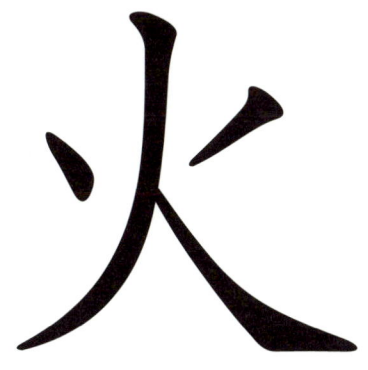

총 4획 부 火

반의자

水 물 수

불 화

火 火 火 火

출제 단어	火力 화력 : 불의 힘.
	火山 화산 : 땅 속에 있는 가스가 지표로 분출하여 생긴 구조.

빈칸 채우기

소방 훈련 시간에 消____器(소화기) 사용법을 배웠다.

한라산은 예전에 ____山(화산) 폭발이 있었던 산이다.

> 자연

7급

江

물(氵)이 고여 만들어진(工) 것이 강이나 큰 냇물이다.

총 6획 부수 氵

반의자
山 메 산

강 **강**

江江江江江江

출제 단어
江山 강산 : 강과 산.
江村 강촌 : 강가의 마을.

빈칸 채우기
漢___(한강)은 서울을 지나 서해로 흘러간다.
아름다운 우리 ___山(강산)을 더욱 푸르게 가꾸자.

7급

내 천

강물이 흐르는 모양을 나타낸 글자로 **내**의 뜻이 있다.

총 3획 부 川

비슷한 한자
州 고을 주

川 川 川

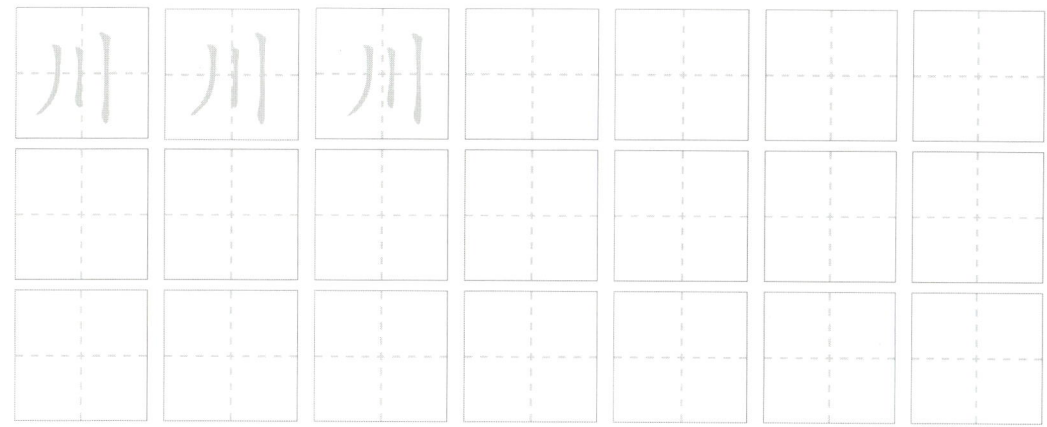

출제 단어

山川 산천 : 산과 내를 아울러 이르는 말.

河川 하천 : 강과 시내를 아울러 이르는 말.

빈칸 채우기

우리 마을에 있는 河___(하천)이 심하게 오염되었다.

고향 山___(산천)은 온통 푸르고 아름답다.

> 자연

7급

바다 해

물(氵)이 항상(每) 모이는 곳은 넓고 푸른 바다다.

총 10획 부 氵

동의자
洋 큰바다 양

반의자
陸 뭍 륙

비슷한 한자
每 매양 매

海 海 海 海 海 海 海 海 海 海

출제 단어

海外해외 : 바다 밖의 다른 나라.

海風해풍 : 바다에서 육지로 불어오는 바람.

빈칸 채우기

매년 ___水面(해수면)이 상승하고 있다.

우리 삼촌은 ___軍(해군)으로 입대했다.

흙 속에서 싹이 나온 것을 본뜬 글자이다.

총 3획 부 土

동의자

地 땅 지

흙 **토**

亠 十 土

| 출제 단어 | 國土국토 : 나라의 영토.
土木토목 : 흙과 나무. |

| 빈칸 채우기 | ___地(토지)가 비옥하다.
이번 주 ___曜日(토요일)은 학교에 가지 않는다. |

> 자연

8급

산의 모양을 본뜬 글자이다.

총 3획 부 山

반의자

江 강 강

메 **산**

山	山	山				

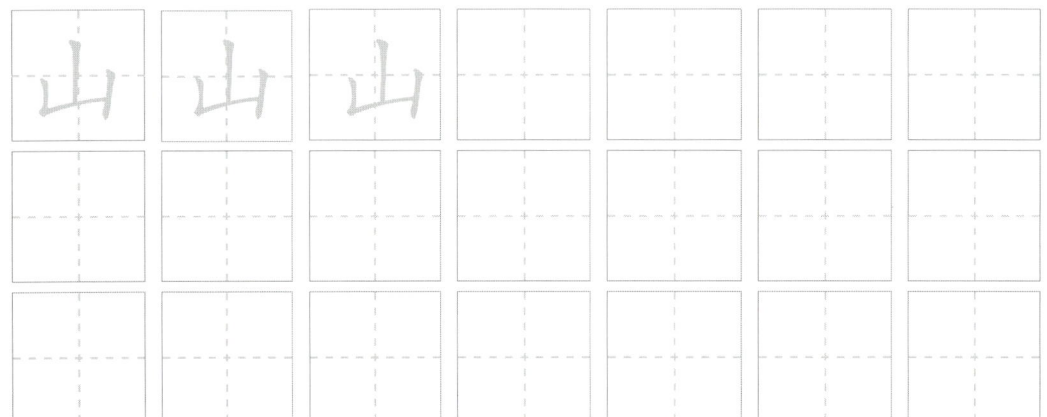

출제단어
- 山林 산림 : 산에 있는 숲. 산과 숲.
- 山地 산지 : 들이 적고 산이 많은 지대.

빈칸 채우기
- 金剛 ___ (금강산)도 식후경이다.
- 아버지는 登 ___ (등산)을 즐겨하신다.

8급

나무가 서 있는 모양을 본뜬 글자이다.

총 4획 부 木

동의자
樹 나무 수

나무 **목**

木 木 木 木

출제단어

木材 목재 : 나무로 된 재료. 재목.

木手 목수 : 나무를 다루어 집을 짓거나 물건을 만드는 사람.

빈칸 채우기

4월 5일은 植____日(식목일)이다.

놀이공원에 가면 회전____馬(목마)는 꼭 타고 온다.

> 자연

7급

나무(木)와 나무(木)가 겹쳐 있으니 **수풀**이 우거졌다.

총 8획 부 木

비슷한 한자
材 재목 재

수풀 **림**

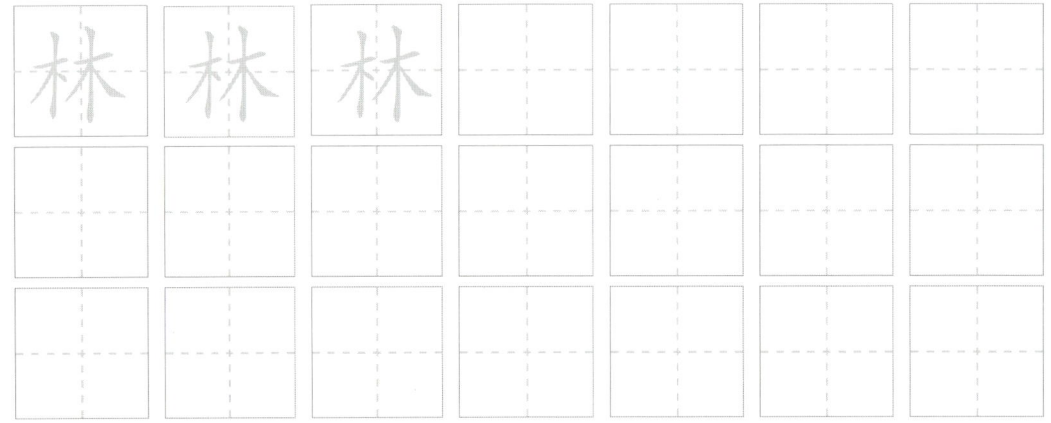

출제 단어

山林_{산림} : 산과 숲.

國有林_{국유림} : 나라가 차지하여 관리하는 산림.

빈칸 채우기

등산객들이 두고 오는 쓰레기로 山___(산림)이 오염되고 있다.

열대의 **原始**___(원시림)은 자연 그대로 보존 되어야 한다.

□ 7급

초봄에 일찍(早) 나온 풀(艹)은 거친 **풀**이다.

총 10획 부 艹

비슷한 한자

早 이를 조

풀 **초**

草草草草草草草草草草

草 草 草

| 출제 단어 | 草木초목 : 풀과 나무.
草家초가 : 볏짚, 밀짚, 갈대 등으로 지붕을 인 집. 초가집. |

| 빈칸 채우기 | 봄이 오면 ___木(초목)이 무럭무럭 자랄 것이다.
내가 제일 좋아하는 색은 ___綠色(초록색)이다. |

> 자연

7급

植

심을 식

나무(木)는 곧게(直) 세워 **심어야** 한다.

총 12획 부 木

동의자
栽 심을 재

비슷한 한자
直 곧을 직

植植植植植植植植植植植植

植 植 植

출제
단어

植木 식목 : 나무를 심음. 식수.

植物 식물 : 온갖 풀과 나무의 총칭.

빈칸
채우기

방학숙제로 ___物(식물)도감을 만들어야 한다.

그 환자는 안구 移___(이식)에 성공하여 빛을 되찾았다.

☐ 7급

풀(艹)의 꽃눈이 변화되어(化) 꽃이 된다.

총 8획 부 艹

비슷한 한자
化 될 화

꽃 **화**

花花花花花花花花

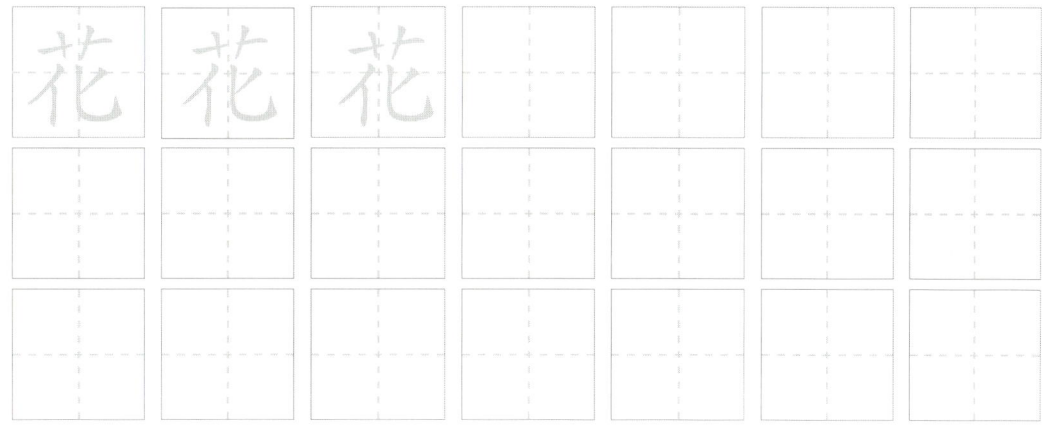

출제 단어
花草화초 : 꽃이 피는 풀과 나무.
春花춘화 : 봄철에 피는 꽃.

빈칸 채우기
마당에 菜松___(채송화)가 활짝 피었다.
어머니는 집에서 ___草(화초)를 가꾸신다.

> 자연

7급

번개 **전**

비(雨)가 올 때 빛처럼 퍼지는(申) 것이 **번개**이다.

총 13획 부 雨

비슷한 한자
雷 우뢰 뢰

電電電電電電電電電電電電電

출제 단어
電力 전력 : 전류에 의한 동력.
電流 전류 : 전기의 유통현상.

빈칸 채우기
우리집에 갑자기 ＿＿氣(전기)가 안 들어왔다.
집에 늦는다고 ＿＿話(전화)를 해야겠다.

확인학습 1회

1. 다음 漢字의 음과 訓을 쓰세요.

    (1) 江 (   )   (2) 地 (   )   (3) 水 (   )

    (4) 海 (   )   (5) 植 (   )   (6) 電 (   )

2. 다음 음과 訓을 보고 사다리를 타고 내려가 빈칸에 漢字를 쓰세요.

    달 월   메 산   나무 목   풀 초   꽃 화   수풀 림

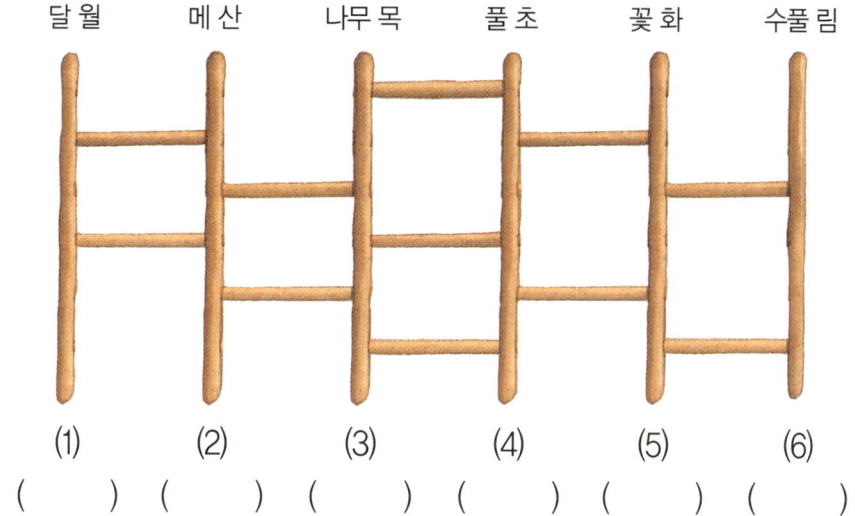

    (1)   (2)   (3)   (4)   (5)   (6)
    (   ) (   ) (   ) (   ) (   ) (   )

3. 다음 漢字의 讀音을 쓰세요.

    (1) 草木 (   )   (2) 海水 (   )   (3) 江山 (   )

4. 다음 漢字에서 색칠해진 부분의 필순을 쓰세요.

    (1) 水   (2) 地

> 방향

8급

동녘 **동**

나무(木) 사이로 해(日)가 떠오르는 방향이 **동쪽**이다.

총 8획 부 木

비슷한 한자
柬 가릴 간
束 묶을 속

반의자
西 서녘 서

| 출제 단어 | 東方동방 : 동쪽 지방.
東天동천 : 동쪽 하늘. |

| 빈칸 채우기 | 여름에 ___海(동해) 바다로 휴가를 떠난다.
옷을 살 때는 ___大門(동대문) 시장에 자주 간다. |

8급

서녘 서

해질 무렵 새가 둥지를 찾아 앉는 모양으로 **서쪽**의 뜻으로 쓰인다.

총 6획 부 襾

비슷한 한자
酉 닭 유

반의자
東 동녘 동

西 西 西 西 西 西

출제 단어

西風 서풍 : 서쪽에서 부는 바람.

西門 서문 : 서쪽으로 낸 문.

빈칸 채우기

___洋(서양) 사람들도 김치를 잘 먹는다.

___海(서해)바다에서 지는 해를 바라보았다.

> 방향

8급

南

총 9획 부 十

반의자
北 북녘 북/달아날 배

남녘 **남**

南南南南南南南南南

출제
단어

南北남북 : 남한과 북한.

南山남산 : 서울에 있는 대표적인 산. 혹은 남쪽에 있는 산.

빈칸
채우기

____大門(남대문)을 숭례문이라고 한다.

____山(남산)에 올라가면 야경을 볼 수 있다.

8급

등을 서로 돌린 사람을 본뜬 글자이다.

총 5획 부 匕

비슷한 한자
比 견줄 비

반의자
南 남녘 남

북녘 북 / 달아날 배

北 北 北 北 北

출제 단어

北海 북해 : 북쪽에 있는 바다.
北韓 북한 : 한강 이북의 한국.

빈칸 채우기

뉴스를 통해서 ____韓(북한) 주민들의 생활을 알 수 있었다.

한반도는 南____(남북)으로 나뉘어 있다.

> 방향

7급

경계(冂) **안**으로 들어오니(入) 내국인이다.

총 4획 부 入

반의자

外 바깥 외

안 **내**

內 內 內 內

출제단어

內地 내지 : 해안이나 변두리에서 멀리 들어간 안쪽 지방.

內面 내면 : 안쪽. 마음.

빈칸 채우기

외모보다 ____面(내면)의 아름다움을 추구해야한다.

감기에 걸려서 엄마와 함께 ____科(내과)에 갔다.

8급

바깥 **외**

저녁(夕)에 점(卜)을 치기 위해 집 **밖**으로 나간다.

총 5획 부 夕

반의자
内 안 내

外 夕 夕 外 外

출제 단어

外交 외교 : 일을 하기 위하여 밖의 사람과 교제함.
外國 외국 : 자기 나라 밖의 딴 나라.

빈칸 채우기

이 사실을 ___部(외부)에 알려서는 안 된다.
우리 동네에는 ___國人(외국인)들이 많이 살고 있다.

> 방향

7급

上

윗 상

점(卜)을 쳐서 아래(一)서 받드니 **위**를 의미한다.

총 3획 부 一

비슷한 한자
土 흙 토

반의자
下 아래 하

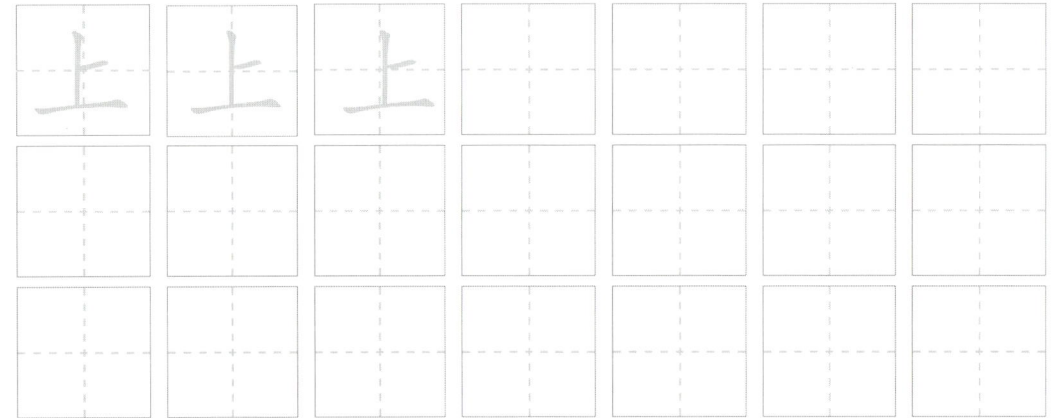

卜 上 上

출제 단어
向上 향상 : 위나 앞을 향해 발전함.
上中下 상중하 : 위와 가운데와 아래.

빈칸 채우기
12세 以___(이상) 탈 수 있는 놀이기구라서 타지 못했다.
世___(세상)에는 좋은 사람들이 참 많다.

7급

평면(一) 밑으로 내려가니(卜) **아래쪽**이다.

총 3획 부 一

반의자
上 윗 상

아래 **하**

下 下 下

출제 단어
下手하수 : 낮은 솜씨나 수. 또는 그런 솜씨나 수를 가진 사람.
下命하명 : 아랫사람에게 내리는 명령.

빈칸 채우기
18세 以___(이하)는 술을 살 수 없다.
너무 무서워서 地___(지하)에는 내려가고 싶지 않다.

> 방향

左

왼 **좌**

7급

장인(工)이 자를 잡은 손은 **왼**손이다.

총 5획 부 工

비슷한 한자
在 있을 재

반의자
右 오른쪽 우

출제 단어

左右間 좌우간 : 어떻게 되든지 간에.

左之右之 좌지우지 : 제 마음대로 처리하거나 다루는 것.

빈칸 채우기

여기서 ____回轉(좌회전)을 하면 학교가 나온다.

예전에는 공공장소에서 ____側(좌측)통행이었지만 요즘은 우측통행이다.

7급

입(口)에 음식을 넣는 손은 **오른쪽**이다.

총 5획 부 口

비슷한 한자
石 돌 석

반의자
左 왼 좌

오른쪽 **우**

右 ナ 右 右 右

출제 단어
右便우편 : 오른편.
右中間우중간 : 정면과 오른쪽의 가운데가 되는 쪽.

빈칸 채우기
사거리에서 ___回轉(우회전)을 하면 우리집이다.
___側(우측)으로 걸어가는 게 더 안전하다.

> 방향

7급

앞 전

배(舟)를 그치는(止) 밧줄이니 풀면 **앞**으로 간다.

총 9획 부 刂

반의자
後 뒤 후

출제 단어
事前 사전 : 일을 시작하거나 실행하기 전.
前夜 전야 : 어젯밤.

빈칸 채우기
시험 ___(전)에 미리 공부를 하는 것이 좋다.
午___(오전) 수업시간에는 발표를 했다.

8급

가운데 **중**

물건의 중심을 꿰뚫는 모양의 글자로 **가운데**란 뜻이다.

총 4획 부 丨

동의자
央 가운데 앙

반의자
邊 가 변

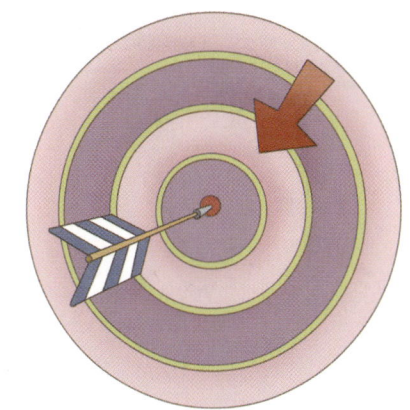

中 中 中 中

출제 단어
中央 중앙 : 사방의 중심이 되는 한가운데.
年中 연중 : 일년 내내.

빈칸 채우기
스무 명 ____(중)에 내가 1등이다.
다음 주는 ____間(중간)고사 기간이다.

> 방향

7급

양쪽에 손잡이가 달린 쟁기를 본뜬 글자이다.

총 4획 부 方

모 **방**

출제 단어
方面방면 : 향하는 쪽. 또는 지방이나 방향.
右方우방 : 오른편.

빈칸 채우기
四___(사방)이 적으로 둘러싸여 있었다.
처음부터 ___法(방법)이 틀린 것 같다.

> 장소

7급

집 **가**

모든 집(宀)에 다산을 뜻하는 돼지(豕)를 키운다하여 **집**이다.

총 10획 부 宀

동의자
戶 집호
室 집실
宇 집우

家家家家家家家家家家

출제단어

家系 가계 : 한 집안의 계통, 혈통.

家口 가구 : 가족 또는 가족의 수.

빈칸채우기

명절에 차례를 지내고 外___(외가)댁에 갔다.

봄맞이 대청소를 하면서 ___具(가구) 배치를 바꿨다.

> 장소

8급

집 **실**

지붕(宀)을 덮은 안에 이르면(至) 집이다.

총 9획 부 宀

동의자
戶 집 호
家 집 가
宇 집 우

室室室室室室室室室

출제
단어

室内 실내 : 방이나 건물의 안.

室外 실외 : 방이나 건물의 바깥.

빈칸
채우기

敎___(교실)에서 친구들과 이야기를 나눴다.

농구는 ___內(실내)에서 할 수 있는 운동이다.

8급

校

나무(木)를 엇걸어(交) **학교**를 짓는다.

총 10획 부 木

학교 교

校 校 校 校 校 校 校 校 校 校

출제 단어

校友 교우 : 학교에 같이 다니는 벗.
母校 모교 : 자기가 다니거나 졸업한 학교.

빈칸 채우기

學___(학교)에서 수업을 마치고 축구를 했다.
아침 조회시간에 ___長(교장)선생님의 말씀을 들었다.

> 장소

7급

햇볕(昜)이 잘 드는 넓은 땅(土)은 **마당**이다.

場

총 12획 부 土

비슷한 한자
陽 볕 양

마당 **장**

場 場 場 場 場 場 場 場 場 場

場 場 場

출제 단어
場內 장내 : 일정한 구역의 안.
場所 장소 : 어떤 일이 이루어지거나 일어나는 곳.

빈칸 채우기
선생님께서 運動___(운동장)에 집합시키셨다.
내가 가장 좋아하는 ___所(장소)는 내 방이다.

7급

마을 리

밭(田)과 밭 사이로 흙(土)길이 난 곳이 마을이다.

총 7획 부 里

비슷한 한자
理 다스릴 리

동의자
村 마을 촌

里 里 里 里 里 里 里

里	里	里			

출제단어

里長이장 : 마을의 사무를 맡아보는 사람.

洞里동리 : 마을.

빈칸 채우기

시골 마을에는 ___長(이장)님이 계신다.

三千___(삼천리)강산은 우리나라의 강산을 이르는 말이다.

> 장소

7급

마을 촌

나무(木)가 조금(寸) 자라고 있는 곳에 사람이 모여 산다는 데서 **마을**을 의미한다.

총 7획 부 木

비슷한 한자
林 수풀 림

동의자
里 마을 리

村 村 村 村 村 村 村

출제 단어

村長 촌장 : 한 마을의 우두머리.

山村 산촌 : 산속에 있는 마을.

빈칸 채우기

農____(농촌)에는 농사지을 사람이 부족하다.

한 마을의 우두머리를 ____長(촌장)이라고 한다.

7급

일정한 구역(口)에 모여(巴) 사는 곳이 **고을**이다.

총 7획 부 邑

동의자
郡 고을 군

고을 **읍**

邑 邑 邑 邑 邑 邑 邑

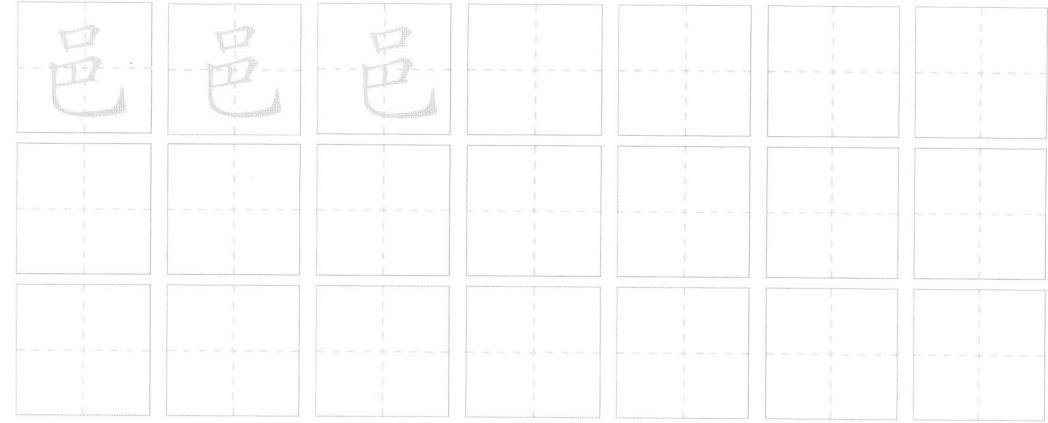

출제 단어

邑民 읍민 : 고을 내에 사는 사람.

邑長 읍장 : 읍의 행정 사무를 통괄하는 우두머리.

빈칸 채우기

조선은 한양을 都___(도읍)으로 정했다.

장날이면 장꾼들이 ___內(읍내)로 내려간다.

> 장소

7급

道

길 도

사람의 머리(首)가 가는(辶) 곳은 **길**이다.

총 13획 부 辶

동의자
路 길 로

道道道道道道道道道道道道道

| 출제 단어 | 道具도구 : 일에 쓰이는 여러 가지 연장.
道理도리 : 사람이 마땅히 행하여야 할 바른 길. |

| 빈칸 채우기 | 열심히 공부하는 것이 학생의 ___理(도리)다.
자전거 ___路(도로)에서 자전거를 타는 것이 더 안전하다. |

□ 7급

골 **동** / 밝을 **통**

한(同) 우물의 물(氵)을 먹으니 **골, 마을**사람이다.

총 9획 부 氵

동의자
里 마을 리

비슷한 한자
同 한가지 동

洞洞洞洞洞洞洞洞洞

출제 단어
洞內동내 : 동네 안.
洞民동민 : 동네에 사는 사람.

빈칸 채우기
___口(동구) 밖 과수원 길 아카시아 꽃이 활짝 폈네.
우리집은 吉___(길동)에 있다.

> 장소

7급

저자 시

위를 덮은(亠) 집에서 베(巾)를 파는 곳이 **저자**이다.

총 5획 부 巾

비슷한 한자
布 베포

市 市 市 市 市

출제 단어
市內시내 : 도시의 안쪽.
市場시장 : 장사하는 장소.

빈칸 채우기
어머니를 따라 ___場(시장)에 장을 보러 갔다.
都___(도시)에는 아파트가 많이 들어서 있다.

8급

나라 국

혹시나(或)하는 마음으로 지키려고 에워싸니 (囗) 나라다.

총 11획 부 囗

동의자

邦 나라 방

國 國 國 國 國 國 國 國 國 國 國

출제 단어

國家 국가 : 나라의 법적인 호칭.

國土 국토 : 국가의 영토.

빈칸 채우기

월드컵은 ___家(국가)적인 행사다.

우리나라는 ___力(국력)을 기르기 위해 여러 가지 노력을 하고 있다.

> 장소

8급

韓

한국·나라 **한**

아침 햇빛을 받아 가죽(韋)처럼 빛나는(倝) 나라이다.

총 17획 부 韋

韓 韓 韓 韓 韓 韓 韓 韓 韓 韓 韓 韓 韓 韓

출제 단어
韓國 한국 : 대한민국의 약칭.
韓半島 한반도 : 우리나라를 지형적으로 일컫는 말.

빈칸 채우기
저녁에 南___(남한)과 北___(북한)의 축구 경기가 있다.
大___民國(대한민국)에서 면적이 가장 큰 도시는 서울이다.

7급

漢

한수·한나라 **한**

물(氵)과 진흙이 있는 양자강 유역에 세운 나라가 **한나라**이다.

총 14획 부 氵

비슷한 한자

嘆 탄식할 탄

漢漢漢漢漢漢漢漢漢漢漢漢漢漢

출제 단어

漢文한문 : 한자를 통속적으로 일컫는 말.

漢族한족 : 중국의 중심이 되는 겨레.

빈칸 채우기

＿＿字(한자) 공부는 할수록 재미있다.

나는 바둑에는 門外＿＿(문외한)이다.

> 장소

7급

인간 세

열 십(十)을 세 개를 합치고 아랫부분을 그었으니 30년, 즉 한 **세대**이다.

총 5획 부 一

비슷한 한자
也 어조사 야

世 世 世 世 世

출제
단어

世上세상 : 사람이 살고 있는 땅.

世間세간 : 세상 일반.

빈칸
채우기

____界 (세계)는 지금 축구에 열광하고 있다.

어머니께서 二____(이세)를 위해서 담배를 끊는 게 좋겠다고 하셨다.

7급

집(戶) 안에 도끼(斤)를 두는 **장소**는 헛간이다.

총 8획 부 戶

바 소

所 所 所 所 所 所 所 所
所 所 所

출제 단어
所生소생 : 자기가 낳은 아들이나 딸.
同所동소 : 같은 장소.

빈칸 채우기
이건 나에게 정말 ___重(소중)한 선물이다.
집 住___(주소)를 적어주세요.

확인학습 2회

1. 다음 漢字의 음과 訓을 쓰세요.

(1) 南 (　　) (2) 左 (　　) (3) 前 (　　)

(4) 校 (　　) (5) 道 (　　) (6) 國 (　　)

2. 다음 음과 訓을 보고 사다리를 타고 내려가 빈칸에 漢字를 쓰세요.

바깥 외　　모 방　　집 실　　마당 장　　한국·나라 한　　마을 촌

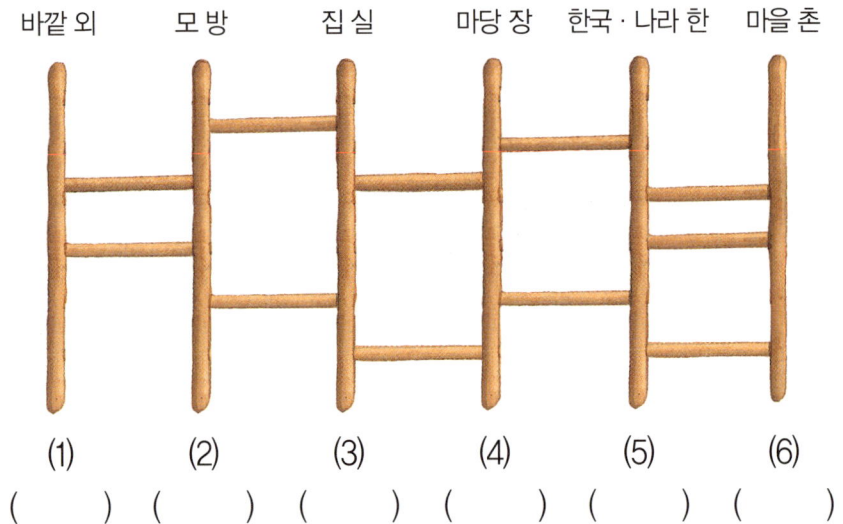

(1)　　(2)　　(3)　　(4)　　(5)　　(6)
(　)　(　)　(　)　(　)　(　)　(　)

3. 다음 漢字의 讀音을 쓰세요.

(1) 北韓 (　　) (2) 敎室 (　　) (3) 國外 (　　)

4. 다음 漢字에서 색칠해진 부분의 필순을 쓰세요.

(1) 右　　(2) 家

> 숫자

☐ 8급

한 개의 막대기를 본뜬 글자이다.

총 1획 부 一

동의자
共 한가지 공
同 한가지 동

한 **일**

一

一	一	一				

출제단어
一字 일자 : 하나의 문장.
一人 일인 : 한 사람.

빈칸 채우기
달리기 시합에서 ___等(일등)을 했다.

우리나라의 핸드폰 기술은 가히 ___流(일류)라고 말할 수 있다.

> 숫자

두 개의 막대기를 본뜬 글자이다.

총 2획 부 二

두 이

二 二

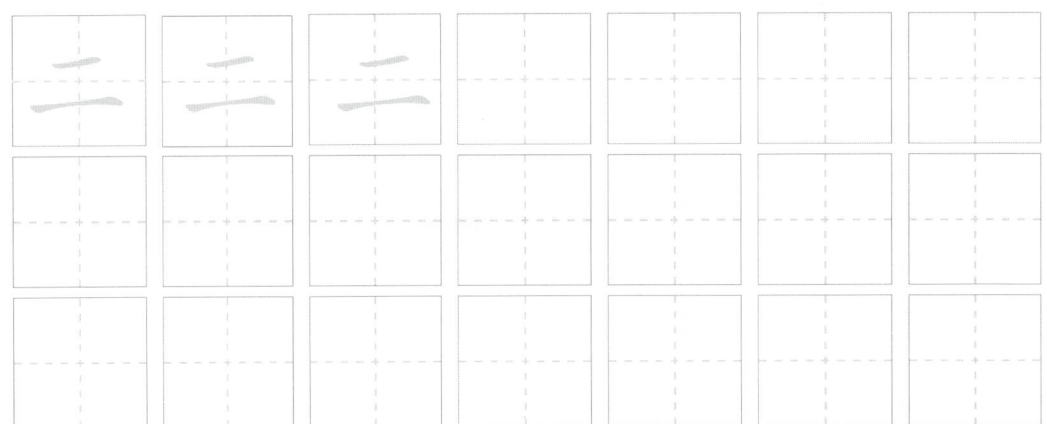

출제 단어

二十이십 : 스물.

二心이심 : 두 가지의 마음.

빈칸 채우기

우리 형은 ___等兵(이등병)이다.

그녀의 ___重(이중)적인 생활은 곧 들통이 났다.

8급

각각 하늘, 사람, 땅을 가리킨다.

三

총 3획 부 一

석 **삼**

三 三 三

| 출제 단어 | 三身삼신 : 부처가 변신하여 세상에 나타난 세 가지 모양.
三女삼녀 : 셋째 딸. 세 딸. |

| 빈칸 채우기 | ___寸(삼촌)이 생일선물을 사주셨다.
그 사실은 ___尺童子(삼척동자)도 안다. |

> 숫자

8급

사방(口)을 네 부분으로 나눈다(八).

총 5획 부 口

비슷한 한자
西 서녘 서

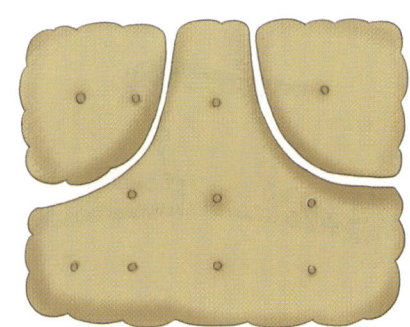

넉 **사**

출제단어
四方 사방 : 동, 서, 남, 북의 네 방향. 주변 일대.
四日 사일 : 나흘.

빈칸 채우기
민지와 나는 ____寸(사촌) 관계다.
수학시간에 ____面體(사면체)에 대해서 배웠다.

8급

다섯 손가락을 가리킨 모양을 본뜬 글자이다.

五

총 4획 부 二

다섯 **오**

五 五 五 五

출제 단어

五同 오동 : 두 손잡이와 세 발이 달려 있는 옛날의 술잔.

五更 오경 : 오전 네 시 경.

빈칸 채우기

三三_____(삼삼오오) 모여 앉아 도시락을 먹었다.

六二___(육이오) 전쟁이 일어난 해는 1950년이다.

> 숫자

8급

두 손의 손가락을 세 개씩 펴서 서로 맞댄 모양에서 **여섯**을 뜻한다.

총 4획 부 八

비슷한 한자

大 큰 대

여섯 **륙**

六 六 六 六

출제단어
六甲 육갑 : 육십갑자의 약칭.
六寸 육촌 : 사촌의 아들딸들 사이의 촌수.

빈칸채우기
이 일을 다 마치려면 적어도 五___日(오륙일)은 걸릴 것 같다.
五___月(오륙월)은 소풍가기 좋은 날씨다.

8급

손가락으로 **일곱**을 나타낸 모양을 본뜬 글자이다.

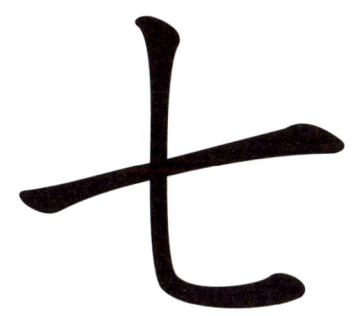

총 2획 부 一

일곱 **칠**

七 七

출제 단어
七月 칠월 : 1년 열두달 가운데 일곱 째 달.
七夕 칠석 : 음력 7월 7일, 견우와 직녀가 만난다고 하는 날.

빈칸 채우기
___月___夕(칠월칠석)은 견우와 직녀가 만나는 날이다.

일가친척들이 모여 할머니 ___旬(칠순) 잔치를 열었다.

> 숫자

8급

한 개의 막대기를 둘로 나눈 모양을 본뜬 글자이다.

총 2획 부 八

비슷한 한자
入 들 입
人 사람 인

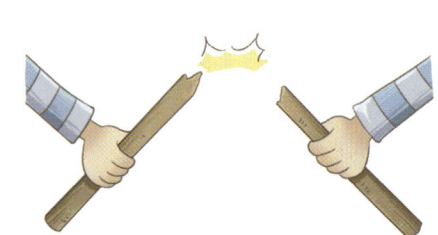

여덟 **팔**

八 八

출제 단어
八景팔경 : 여덟 가지의 아름다운 경치.
八字팔자 : 사람의 한 평생의 운수.

빈칸 채우기
할아버지는 올해 연세가 ___十(팔십)세 이시다.
선미는 노래면 노래 춤이면 춤, 못하는 게 없는 ___方美人(팔방미인)이다.

8급

십(十)의 불완전한 모양을 본뜬 글자이다.

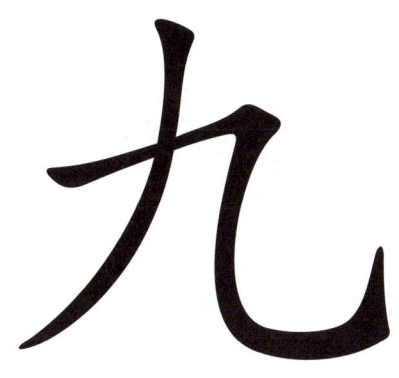

총 2획 부 乙

비슷한 한자
力 힘 력

아홉 **구**

九 九

九	九	九			

출제단어

九門 구문 : 대궐의 둘레에 있는 아홉 개 또는 아홉 겹의 문.

九重 구중 : 아홉 겹.

빈칸채우기

그는 十中八___(십중팔구) 범인이다.

하마터면 차에 치여 죽을 뻔 했으니 ___死一生(구사일생)이다.

> 숫자

8급

다섯 손가락이 달린 두 팔을 엇걸어 **열**을 나타낸 글자이다.

총 2획 부 十

열 **십**

| 출제 단어 | 十分 십분 : 충분히.
十長生 십장생 : 오래 살고 죽지 않는다는 열 가지. |

빈칸 채우기 집을 떠나 온지 _____ 日(십일) 째 되자 부모님이 몹시 보고 싶었다.

교회 건물에는 _____ 字架(십자가)가 있다.

7급

흰(白) 머리가 많이 났으니(一) 나이가 **많다**.

일백 **백**

총 6획 부 白

비슷한 한자

白 흰 백

百 百 百 百 百 百

출제 단어

百方백방 : 온갖 방법.

百姓백성 : 일반 국민. 관직이 없는 사람들.

빈칸 채우기

어진 임금은 萬___姓(만백성)의 칭송을 받는다.

혼자서 이렇게 많은 일을 하다니 一當___(일당백)이다.

> 숫자

7급

사람(人)의 몸으로 천 단위를 나타낸 데서 일(一)을 그어 **일천**을 뜻한다.

총 3획 부 十

비슷한 한자

干 방패 간

일천 **천**

千 千 千

출제 단어

千古 천고 : 영구한 세월.

千字文 천자문 : 모두 1000자로 된 한문학습의 입문서.

빈칸 채우기

미애는 세 살 때 ___字文(천자문)을 깨친 신동이다.

한 번의 실수로 ___秋(천추)의 한을 남겼다.

8급

萬

일만 **만**

벌의 더듬이, 몸통, 발의 모양을 본떠 그 수가 **많다**는 뜻으로 쓰였다.

총 13획 부 艹

萬萬萬萬萬萬萬萬萬萬萬萬萬

萬 萬 萬

출제 단어
萬國만국 : 모든 나라.
萬物만물 : 온갖 물건.

빈칸 채우기
___物(만물)이 생동하는 봄이다.
내가 ___一(만일) 아빠라면 어떻게 했을지 생각해봤다.

> 숫자

7급

算

대나무(竹)로 만든 도구는 **셈**할 때 사용한다.

총 14획 부 竹

동의자
數 셈 수

셈 **산**

算算算算算算算算算算算算算算

算 算 算

| 출제 단어 | 算定_{산정} : 셈하여 정함.
算出_{산출} : 계산해 냄. 셈함. |

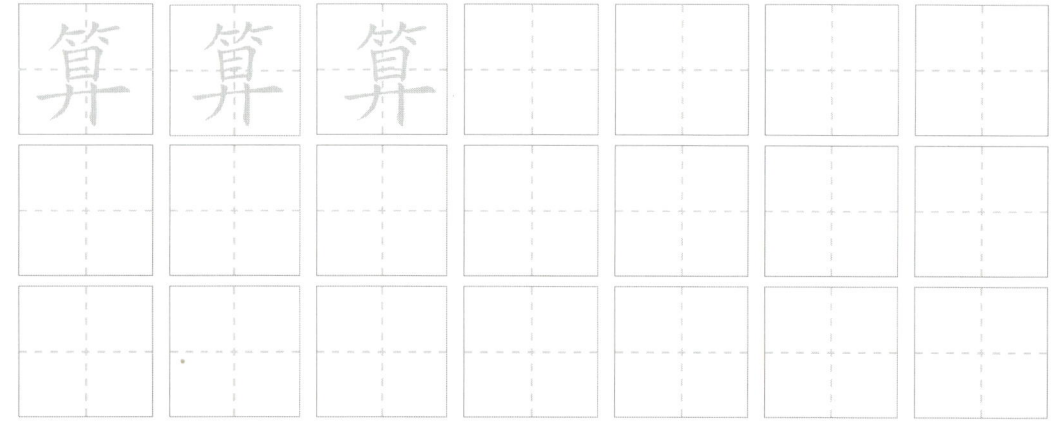

빈칸 채우기

배가 아파서 간단한 ___數(산수)문제도 틀렸다.

큰 숫자를 더하고 뺄 때는 計___器(계산기)를 이용한다.

7급

셈 **수**

어리석은 여자(婁)는 쳐서(攵) 깨우쳐야 **셈**을 한다.

총 15획 부 攵

동의자
算 셈 산

數 數 數 數 數 數 數 數 數 數 數 數 數 數 數

數　數　數

출제 단어

數百 수백 : 백의 두서너 배가 되는 수.

算數 산수 : 수의 성질, 셈의 기초를 가르치는 학과목.

빈칸 채우기

우리 반 學生____(학생수)는 총 30명이다.

내가 제일 자신 있는 과목은 ____學(수학)이다.

> 시간

7급

時

때 시

절(寺)에서는 해(日)가 뜨고 지는 것으로 **시간**을 안다.

총 10획 부 日

비슷한 한자

詩 시 시

時 時 時 時 時 時 時 時 時

출제 단어
時間 시간 : 어떤 시각에서 어떤 시각까지의 사이.
時事 시사 : 당시에 일어난 사건.

빈칸 채우기
____代(시대)의 요구에 따라 정치를 해야 한다.
미국에서 온지 얼마 안돼서 아직 ____差(시차) 적응을 못했다.

7급

間

문(門) 사이로 햇빛(日)이 들어오니 **사이**가 생긴다.

총 12획 부門

비슷한 한자
問 물을 문
聞 들을 문

사이 **간**

間 間 間 間 間 間 間 間 間 間 間 間

출제 단어

間食간식 : 끼니와 끼니 사이에 음식을 먹음.

石間석간 : 돌과 돌 사이.

빈칸 채우기

아침 등교 時___(시간)에는 차가 많이 다닌다.

친구___(간)에도 예의를 지켜야 한다.

> 시간

8급

먼저 **선**

소(牛)와 사람(儿)이 걸어갈 때 소가 앞서니 **먼저**이다.

총 6획 부 儿

비슷한 한자
洗 씻을 세

先 先 先 先 先 先

출제 단어
先金선금 : 치러야 할 돈의 일부를 미리 치르는 돈.
先頭선두 : 첫머리. 앞장.

빈칸 채우기
사건의 ___後(선후) 관계를 잘 따져봐야겠다.
___入見(선입견)을 갖는 것은 좋지 않다.

7급

뒤 후

어린이(幺)가 뒤축거리며(彳) 걸으니(夂) **뒤** 늦다.

총 9획 부 彳

반의자
前 앞 전
先 먼저 선

後 後 後 後 後 後 後 後
後 後 後

출제단어
後光 후광 : 부처의 등 뒤에 있는 둥근 빛.
後門 후문 : 집의 뒤쪽이나 옆으로 난 문.

빈칸채우기
午___(오후) 햇살이 따사롭다.
저녁 10시 以___(이후)로 외출하면 안 된다.

> 시간

7급

낮 **오**

방패(干)를 숙일(丿) 만큼 더우니 **낮**이다.

총 4획 부 十

반의자
夜 밤 야

비슷한 한자
牛 소 우

午 午 午 午

출제단어
正午 정오 : 낮 12시. 오시.
午後 오후 : 정오부터 밤 열두시까지의 시간.

빈칸 채우기
점심시간은 正___(정오)부터입니다.
1시부터 3층에서 ___餐(오찬) 간담회가 있습니다.

7급

저녁 **석**

달이 반쯤 산 위에 떠 있는 모양을 본뜬 글자이다.

총 3획 부 夕

비슷한 한자
多 많을 다

반의자
朝 아침 조
旦 아침 단

丿 勹 夕

출제 단어
每夕 매석 : 매일 저녁.
夕日 석일 : 석양.

빈칸 채우기
그는 하루도 빠짐없이 부모님께 朝____(조석)으로 문안을 드린다.

하늘에 붉은 ____陽(석양)이 깔렸다.

> 시간

8급

해 년

낮(午)이 하루씩(一) 가는 것을 헤아려 **1년**을 정한다.

총 6획 부 干

비슷한 한자
午 낮 오

동의자
歲 해 세

출제 단어
年內 연내 : 그 해 안. 올해 안.
年中 연중 : 그 해의 안. 한해 동안.

빈칸 채우기
____末 (연말)에는 송년 모임이 많이 있다.
來____ (내년)에도 우영이랑 같은 반이 되면 좋겠다.

7급

봄 춘

햇빛(日)을 받아 새싹이 돋아나니(泰) 봄이다.

총 9획 부 日

반의자
秋 가을 추

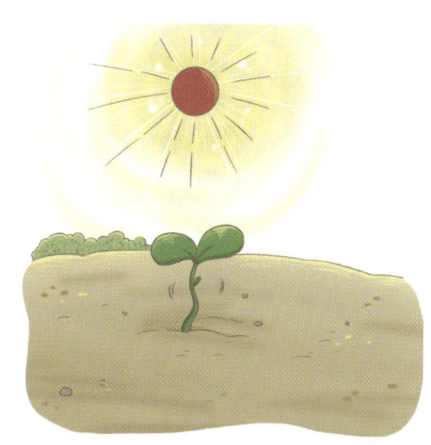

春 春 春 春 春 春 春 春 春

출제 단어
春色 춘색 : 봄의 아름다운 빛.
青春 청춘 : 십대 후반에서 이십대에 걸친 인생의 젊은 나이.

빈칸 채우기
할아버지께 ___秋(춘추)가 어떻게 되시는지 여쭈어 보았다.
___三月(춘삼월)이 되면 목련꽃이 핀다.

> 시간

7급

여름 하

더워서 머리(頁)와 발(夊)을 드러내니 **여름**이다.

총 10획 부 夊

반의자
冬 겨울 동

夏夏夏夏夏夏夏夏夏

| 출제 단어 |
大夏 대하 : 중국역사상 한대의 서역 지방에 있는 나라.
夏冬 하동 : 여름과 겨울.

| 빈칸 채우기 |
날이 몹시 더워서 ____服(하복)을 입으려고 꺼냈다.
영수는 방학을 하자마자 ____季(하계) 훈련에 갔다.

7급

벼(禾)가 불(火)처럼 뜨거운 햇빛에 익으니 **가을**이다.

총 9획 부 禾

반의자
春 봄 춘

가을 **추**

秋 秋 秋 秋 秋 秋 秋 秋 秋

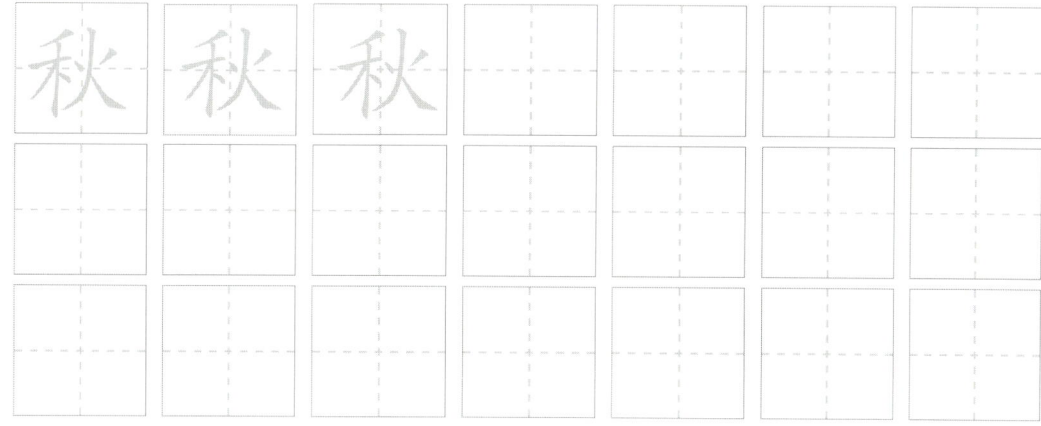

출제 단어

秋天 추천 : 가을 하늘.

秋夕 추석 : 우리나라 명절의 하나로 음력 8월 보름.

빈칸 채우기

____夕(추석)에는 가족끼리 모여 앉아 송편을 빚는다.

가을에 논이 황금빛 물결을 이루면 ____收(추수)를 시작한다.

> 시간

7급

겨울 **동**

얼음판(冫)을 조심해서 걸어야(夂) 하는 것이 **겨울**이다.

총 5획 부 冫

반의자
夏 여름 하

冬 冬 冬 冬 冬

| 출제 단어 | 冬月 동월 : 겨울밤의 달.
方冬 방동 : 음력 시월. |

| 빈칸 채우기 | 개구리는 ＿＿眠(동면)을 하는 동물이다.
＿＿至(동지)날에는 팥죽을 먹는다. |

7급

매양 **매**

사람들(人)의 어머니(母)는 **늘** 자식을 걱정한다.

총 7획 부 母

비슷한 한자

海 바다 해

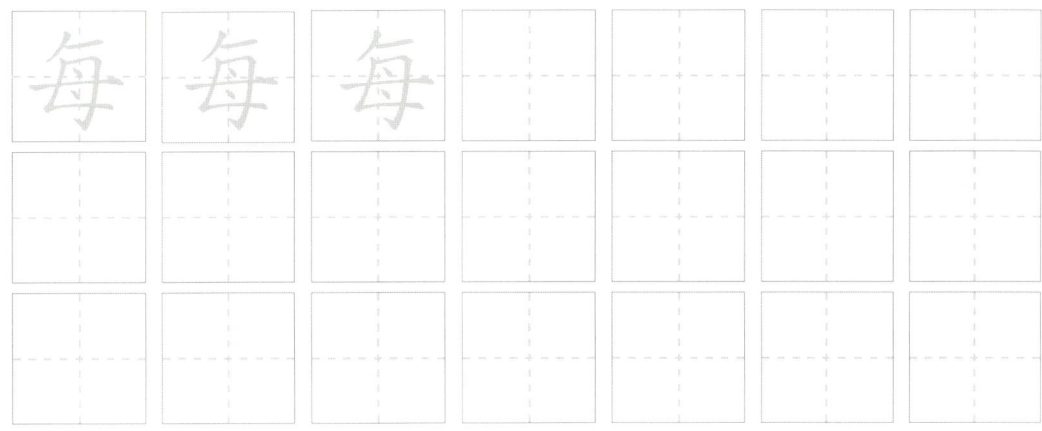

출제 단어

每事매사 : 일마다. 모든 일.

每日매일 : 하루하루의 모든 날.

빈칸 채우기

효진이는 ___事(매사)에 열심이다.

이번 공연은 ___回(매회) 티켓이 매진되어 대성공이었다.

확인학습 3회

1. 다음 漢字의 音과 訓을 쓰세요.

   (1) 萬 (   )   (2) 算 (   )   (3) 數 (   )

   (4) 後 (   )   (5) 春 (   )   (6) 秋 (   )

2. 다음 음과 訓을 보고 사다리를 타고 내려가 빈칸에 漢字를 쓰세요.

   다섯 오   사이 간   저녁 석   겨울 동   때 시   먼저 선

   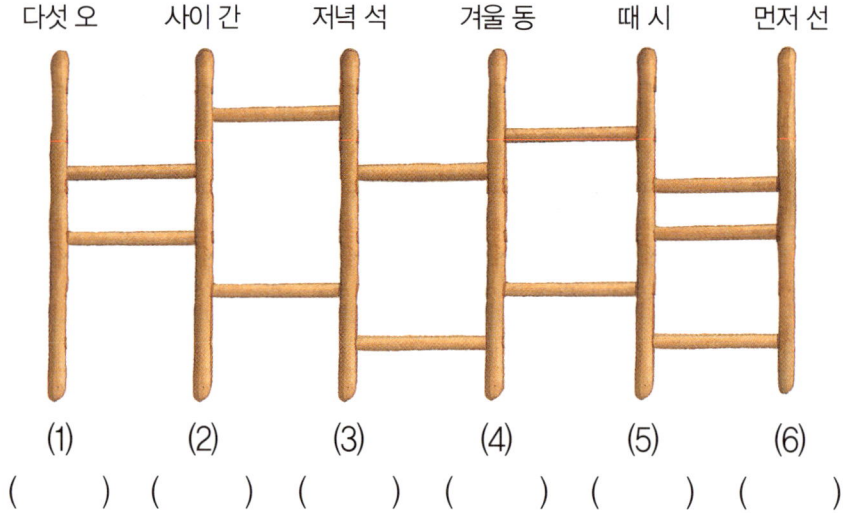

   (1)   (2)   (3)   (4)   (5)   (6)
   (   ) (   ) (   ) (   ) (   ) (   )

3. 다음 漢字의 讀音을 쓰세요.

   (1) 秋夕 (   )   (2) 百萬 (   )   (3) 時間 (   )

4. 다음 漢字에서 색칠해진 부분의 필순을 쓰세요.

   (1) 五   (2) 每

> 신체

7급

얼굴을 에워싼 모양을 본뜬 글자이다.

총 9획 부 面

동의자
容 얼굴 용

낯 **면**

| 출제 단어 | 文面문면 : 글이나 편지.
面色면색 : 낯빛. 안색. |

| 빈칸 채우기 | 지난 번 다툼 때문에 누나가 자꾸 나를 外___(외면)한다.
지나가던 차와 正___(정면) 충돌했다. |

> 신체

7급

사람의 **입**이나 구멍을 본뜬 글자이다.

총 3획 부 口

입 구

口 口 口

출제단어
口文 구문 : 흥정을 붙여 주고받는 돈. 구전.
萬口 만구 : 여러 사람의 입.

빈칸채우기
선생님께서 ____演(구연)동화를 들려주셨다.
우리나라에서 서울의 人____(인구)가 제일 많다.

□ 7급

손 수

손의 다섯 손가락을 편 모양과 바닥 모양을 본뜬 글자이다.

총 4획 부 手

반의자
足 발 족

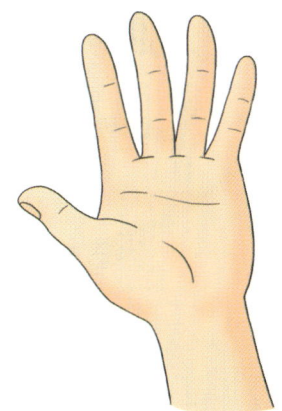

手 手 手 手

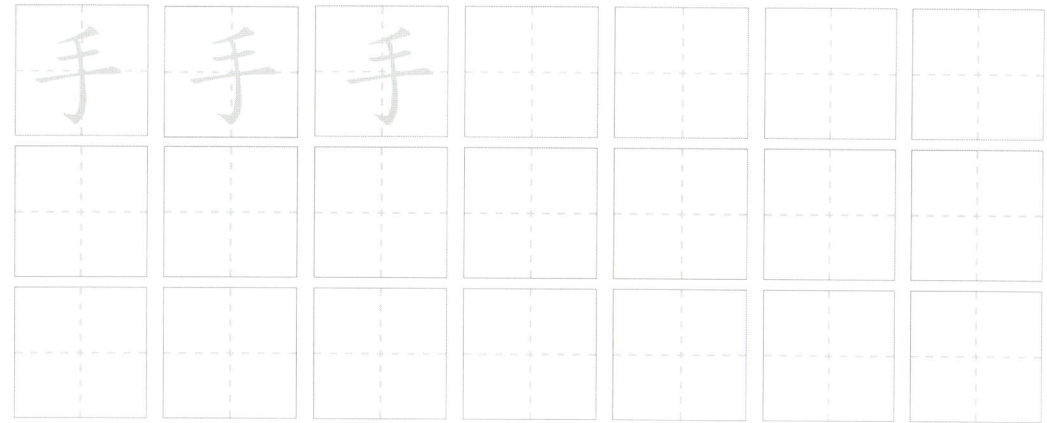

출제 단어
白手 백수 : 맨 손.
手足 수족 : 손과 발.

빈칸 채우기
세수한 다음에 ___巾(수건)으로 얼굴을 닦았다.
내 꿈은 歌___(가수)다.

> 신체

7급

足

발과 무릎의 모양을 본뜬 글자이다.

총 7획 부 足

반의자
手 손 수

발 족

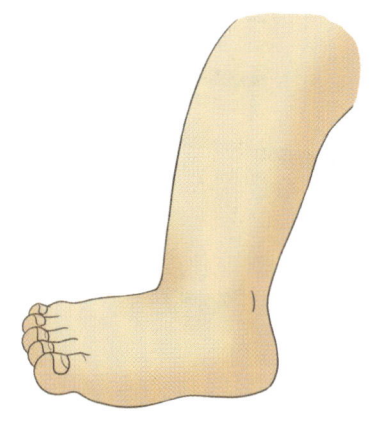

足足足足足足足

출제
단어

前足 전족 : 앞발.

不足 부족 : 넉넉하지 못함

빈칸
채우기

아프리카는 물이 不___(부족)한 지역이다.

나는 지금 내 상황에 滿___(만족)한다.

> 사람

7급

男

사내 남

밭(田)에 나아가 힘차게(力) 일하는 사람은 **사내**들이다.

총 7획 부 田

반의자
女 계집 녀

男 男 男 男 男 男 男

| 男 | 男 | 男 | | | |

출제 단어
男女 남녀 : 남자와 여자.
長男 장남 : 맏아들.

빈칸 채우기
우리반에는 ___子(남자)가 좀 더 많다.
우리집 형제는 六___妹(육남매)다.

> 사람

8급

계집 녀

손을 맞잡고 무릎을 구부리고 앉은 **여자**를 본뜬 글자이다.

총 3획 부 女

반의자

男 사내 남

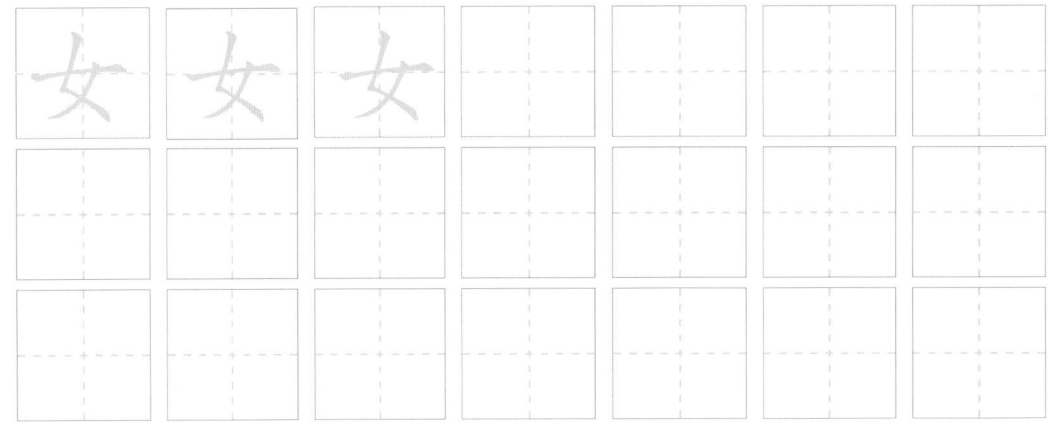

출제 단어
女人여인 : 어른이 된 여자.
女學校여학교 : 여자만을 가르치는 학교.

빈칸 채우기
오른쪽으로 돌아가면 ___子(여자) 화장실이 나옵니다.
___性(여성)의 사회 참여가 늘고 있다.

8급

아버지 **부**

흩어져(八) 있는 가족을 손에 매(乂)를 들고 통솔하니 **아버지**이다.

총 4획 부수 父

반의자
母 어머니 모
子 아들 자

父 父 父 父

출제 단어
同父 동부 : 아버지가 같음.
王父 왕부 : 할아버지. 임금의 아버지.

빈칸 채우기
___母(부모)님을 모시고, 학예회를 열었다.
___子(부자)가 함께 목욕탕에 가는 모습이 정겹다.

> 사람

8급

두 개의 유방을 가진 여자를 본뜬 글자이다.

총 5획 부 毋

반의자
父 아버지 부
子 아들 자

어머니 **모**

출제 단어

名母 명모 : 자식이 어머니의 이름을 직접 부른다는 뜻.

父母 부모 : 아버지와 어머니.

빈칸 채우기

십년 만에 ____國(모국)에 돌아오니 정말 기쁘다.

아랫집 ____子(모자)는 많이 닮았다.

□ 7급

아들 자

어린 아이가 양팔을 벌리고 있는 모양을 본뜬 글자이다.

총 3획 부수 子

반의자
女 계집 녀

비슷한 한자
予 나 여

子 子 子

| 출제 단어 | 子母자모 : 아들과 어머니.
父子부자 : 아버지와 아들. |

| 빈칸 채우기 | 할머니는 슬하에 다섯 ___女(자녀)를 두셨다.
돈을 빌렸으니 利___(이자)를 내야한다. |

> 사람

8급

씨족(氏)들이 모여서(一) 사니 **백성**이다.

총 5획 부 氏

반의자
王 임금 왕

백성 **민**

출제 단어
民家민가 : 일반 국민의 집.
民心민심 : 백성의 마음.

빈칸 채우기
통일은 國___(국민)적 염원이다.
대한민국은 ___主主義(민주주의) 국가다.

7급

하늘(天)보다 높은(丨) 사람은 **남편**이다.

총 4획 부 夫

반의자
妻 아내 처

지아비 **부**

夫 夫 夫 夫

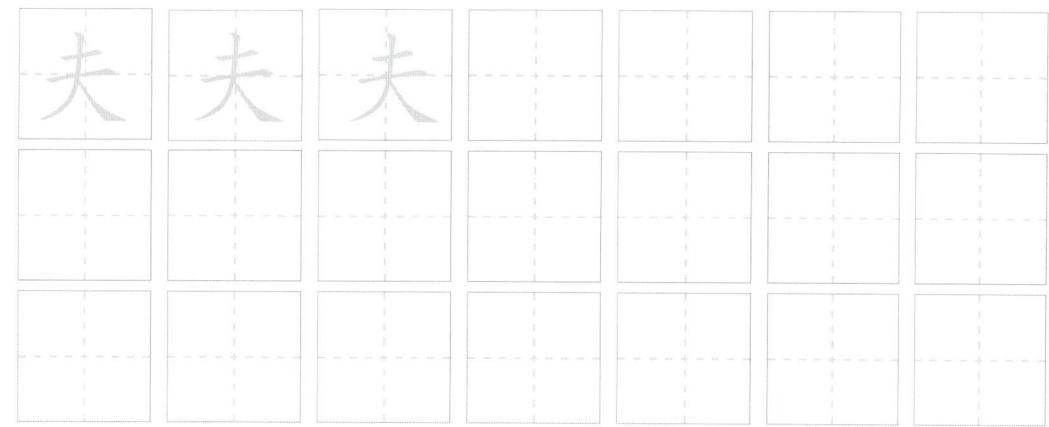

출제단어

人夫 인부 : 품삯을 받고 일하는 사람.

先夫 선부 : 죽은 남편.

빈칸 채우기

이 분은 사장님 ___人(부인)이십니다.

두 사람이 ___婦(부부)가 되는 자리에 참석했다.

> 사람

8급

王

임금 왕

삼(三)덕을 하나로 꿰뚫은(丨) 덕을 갖춘 사람이 **임금**이다.

총 4획 부 王

동의자
君 임금 군

비슷한 한자
玉 구슬 옥

王 王 王 王

출제 단어
王命 왕명 : 임금의 명령.
王家 왕가 : 임금의 집안.

빈칸 채우기
한글을 창제한 분은 世宗大___(세종대왕)님이다.
이번 공연은 영국 ___室(왕실)이 주최한 자선 공연이다.

8급

사람이 옆을 향한 모뜬 글자이다.

총 2획 부 人

비슷한 한자
入 들 입

사람 인

人 人

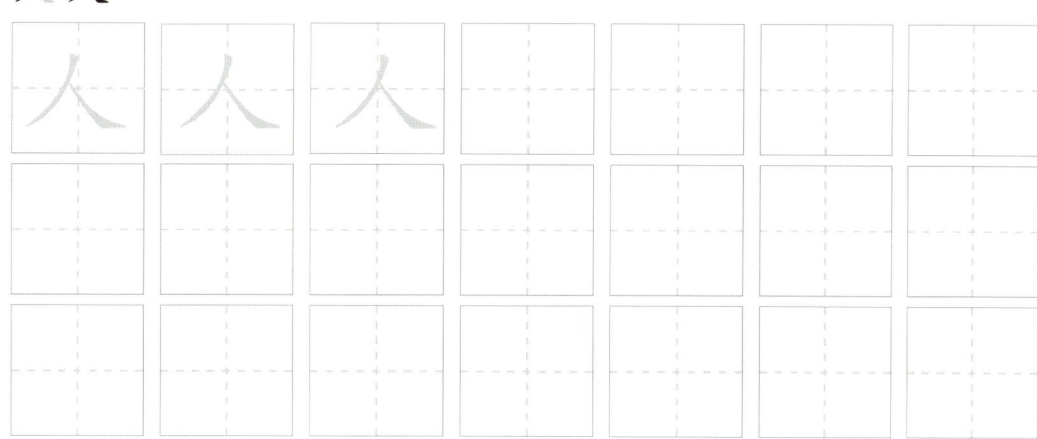

출제 단어

主人 주인 : 한 집안의 책임자. 물건의 임자.

人命 인명 : 사람의 목숨.

빈칸 채우기

경희가 걸어오면서 나한테 ___事(인사)를 했다.

숟가락과 젓가락은 個___(개인)별로 알아서 준비한다.

> 사람

兄

8급

어진 말(口)로 동생들의 본이 되는 사람(儿)이 **형**이다.

총 5획 부 儿

반의자
弟 아우 제

형 **형**

兄兄兄兄兄

출제 단어

兄夫 형부 : 언니의 남편.

兄弟 형제 : 형과 아우.

빈칸 채우기

누나의 남편은 妹___(매형)이다.

언니의 남편은 ___夫(형부)다.

8급

아우 제

조상할(弔) 때 양쪽에서 지팡이(丿)를 짚고 서 있는 사람이 **아우**다.

총 7획 부 弓

비슷한 한자
第 차례 제

반의자
兄 형 형

弟弟弟弟弟弟弟

弟 弟 弟

출제 단어

弟子제자 : 스승으로부터 가르침을 받는 사람.

門弟문제 : 문하생.

빈칸 채우기

그는 김 교수님의 ___子(제자)다.

兄___(형제)간에 사이가 참 좋다.

> 사람

7급

祖

할아버지 **조**

신위(示)를 차례대로(且) 모셔 **할아버지**를 섬긴다.

총 10획 부 示

반의자
孫 손자 손

비슷한 한자
租 조세 조

祖 祖 祖 祖 祖 祖 祖 祖 祖

출제 단어
祖上조상 : 한 집안이나 한 민족의 옛 어른들.
先祖선조 : 할아버지 이상의 조상.

빈칸 채우기
차례를 지내 ___上(조상)을 모신다.
자랑스러운 나의 ___國(조국)을 위해서 싸웠다.

7급

촛대 위의 심지에 불이 켜져 있는 모양을 본뜬 글자이다.

총 5획 부 丶

반의자
客 손 객

임금·주인 **주**

主 主 主 主 主

출제단어
主動 주동 : 어떤 일의 주장이 되어 움직임.
主力 주력 : 중심이 되는 힘.

빈칸채우기
이 자리에 ＿＿人(주인)이 있습니다.
소영이는 자신의 ＿＿張(주장)만을 고수한다.

> 사람

8급

군사 **군**

수레(車)의 주위를 둘러싸 덮은(冖) 사람은 진을 치고 있는 **군사**들이다.

총 9획 부 車

동의자

兵 병사 병

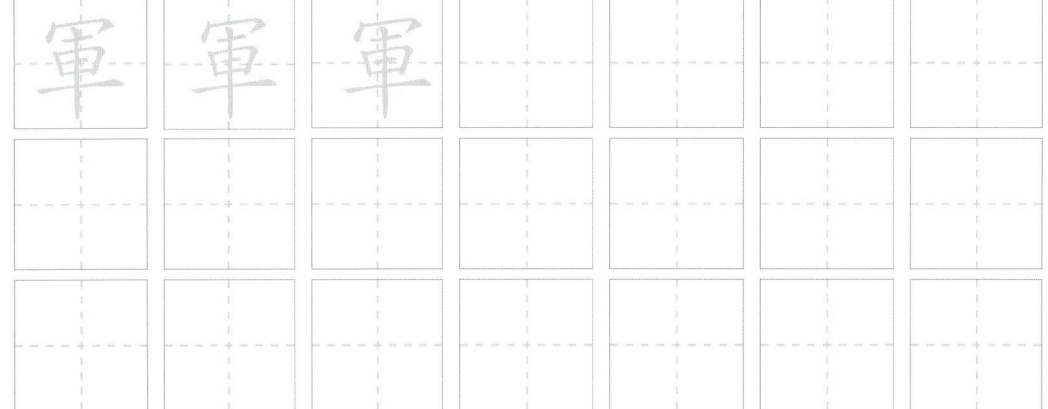

| 출제 단어 | 軍犬군견 : 군사상의 필요로 쓰는 개.
軍士군사 : 군인의 총칭. 계급이 낮은 군인. |

| 빈칸 채우기 | 우리 삼촌은 ___人(군인)이다.
이라크에서 전쟁이 일어났을 때 우리 ___士(군사)들도 파병되었다. |

7급

工

목수, **장인**들이 사용하는 자의 모양을 본뜬 글자이다.

총 3획 부 工

비슷한 한자
土 흙 토
士 선비 사

장인 **공**

工 工 工

| 工 | 工 | 工 | | | | |

출제 단어

工夫 공부 : 학문이나 기술 등을 배우고 익힘.

工力 공력 : 물건을 만드는 데 드는 힘.

빈칸 채우기

___夫(공부)를 마치면 바로 나가 놀고 싶다.

이 주변은 ___場(공장)이 많은 산업단지입니다.

> 감정

7급

편할 **편** / 똥오줌 **변**

사람(亻)이 불편한 곳을 다시(更) 고쳐서 **편하게** 만든다.

총 9획 부 亻

동의자
安 편안 안

비슷한 한자
更 다시 갱

便便便便便便便便便

便　便　便

출제 단어
便利 편리 : 편하고 이로우며 이용하기 쉬움.
便所 변소 : 대소변을 볼 수 있게 만들어 놓은 곳.

빈칸 채우기
____ 安(편안)한 여행을 즐기십시오.
用 ____ (용변)을 보러 화장실에 간다.

7급

편안 **안**

집(宀)안은 여자(女)가 돌봐야 **편안**하다.

총 6획 부수 宀

동의자
便 편할 편

비슷한 한자
案 책상 안

安安安安安安

출제단어
安樂안락 : 편안하고 즐거움.
安心안심 : 걱정이 없이 마음을 편히 가짐.

빈칸 채우기
엄마의 얼굴을 보고 ___定(안정)을 찾았다.
___樂(안락)한 의자에 앉아 텔레비전을 본다.

> 감정

7급

심장의 모양을 본뜬 글자로 **마음**을 뜻한다.

총 4획 부 心

반의자
身 몸 신

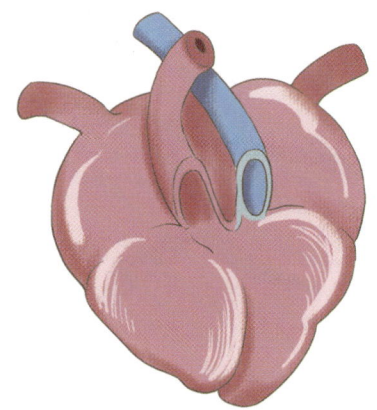

마음 **심**

心 心 心 心

출제 단어

人心 인심 : 남의 딱한 처지를 알아주고 도와주는 마음.

中心 중심 : 한가운데. 중요하고 기본이 되는 부분.

빈칸 채우기

해외에 나가서 생활하다보면 자연스레 愛國____(애국심)이 생긴다.

오랜 객지생활로 ____身(심신)이 지쳐있다.

확인학습 4회

1. 다음 漢字의 音과 訓을 쓰세요.

(1) 手 (   )   (2) 男 (   )   (3) 母 (   )

(4) 民 (   )   (5) 弟 (   )   (6) 軍 (   )

2. 다음 音과 訓을 보고 사다리를 타고 내려가 빈칸에 漢字를 쓰세요.

발 족   아버지 부   할아버지 조   임금 왕   계집 녀   편안 안

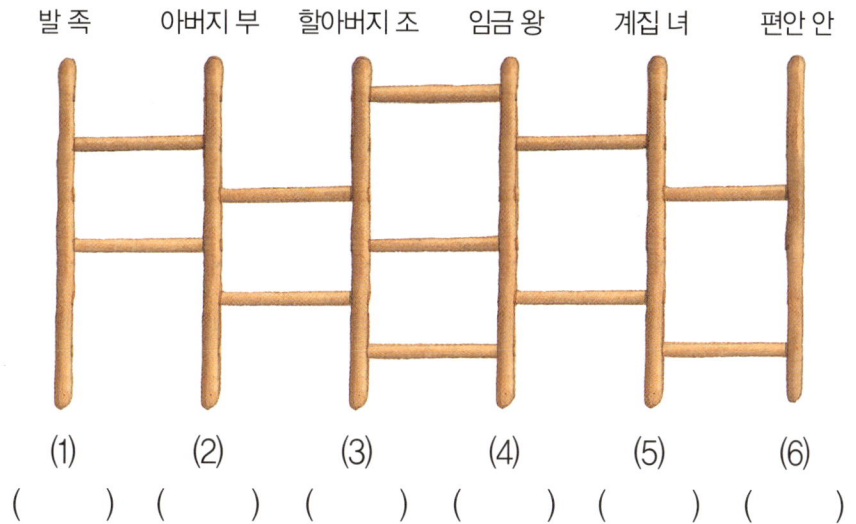

(1)   (2)   (3)   (4)   (5)   (6)
(   ) (   ) (   ) (   ) (   ) (   )

3. 다음 漢字의 讀音을 쓰세요.

(1) 父母 (   )   (2) 兄弟 (   )   (3) 民主 (   )

4. 다음 漢字에서 색칠해진 부분의 필순을 쓰세요.

(1) 軍   (2)

> 사물

8급

쇠 금 / 성 김

금이 흙(土)속에 묻혀있음을 나타낸 글자이다.

총 8획 부 金

金 金 金 金 金 金 金 金

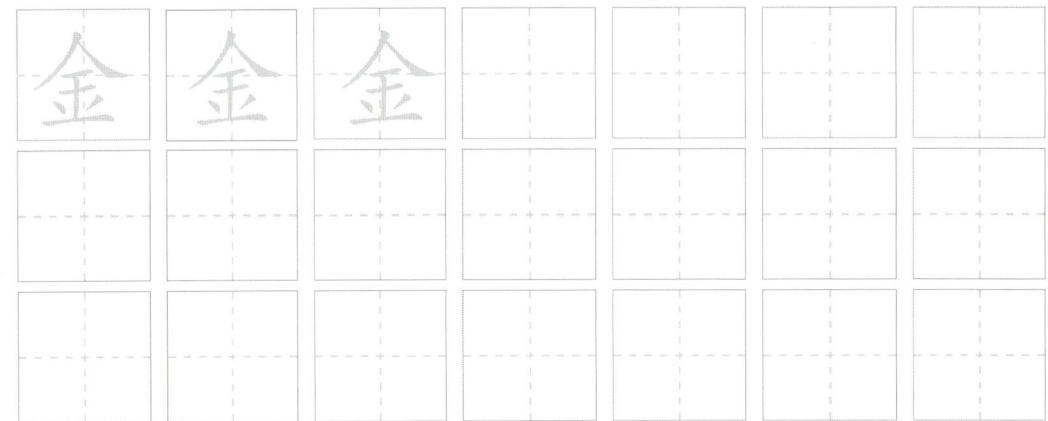

출제 단어

石金 석금 : 돌에 박혀 있는 금.

金色 금색 : 금빛.

빈칸 채우기

現___(현금)으로 결제하시겠습니까?

우리 아버지는 퇴직 후에 年___(연금)을 받으신다.

7급

종이 **지**

실(糸)같은 닥나무의 섬유질이 뿌리(氏)처럼 얽혀 **종이**가 된다.

총 10획 부 糸

紙 紙 紙 紙 紙 紙 紙 紙 紙 紙

| 출제 단어 |

紙面 지면 : 종이의 표면.

休紙 휴지 : 쓸모없는 종이.

| 빈칸 채우기 |

어버이날을 맞아 부모님께 便___(편지)를 썼다.

시험지를 받아들고, 너무 당황해서 머릿속이 白___(백지) 상태다.

> 사물

7급

소(牛)는 농가에 없으면 안 되는(勿) 소중한 **물건**이다.

총 8획 부 牛

동의자
件 물건 건

물건 **물**

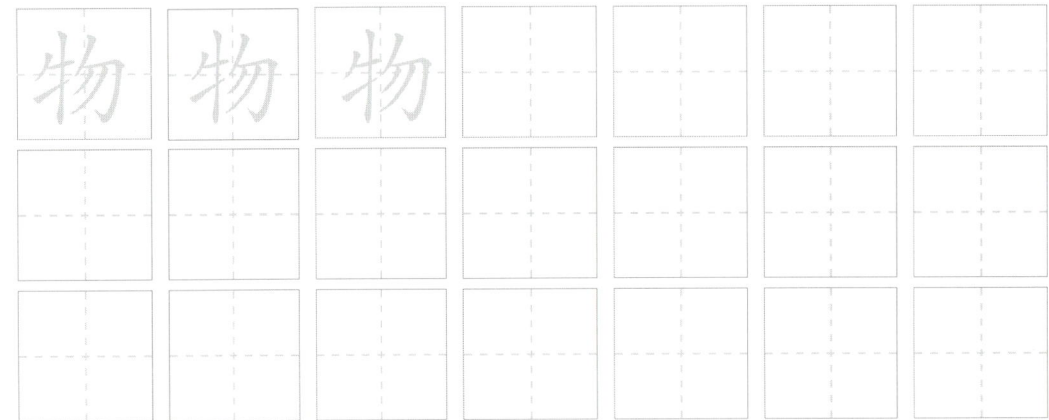

출제 단어
物理물리 : 만물의 이치. 물리학의 약어.
物件물건 : 일정한 형태를 가진 대상. 물품.

빈칸 채우기
남의 ___件(물건)도 소중하게 다뤄야한다.
위인전은 위대한 人___(인물)의 이야기다.

8급

좌우 두 개의 문짝이 붙은 **문**을 본뜬 글자이다.

총 8획 부 門

비슷한 한자

問 물을 문

門

문 **문**

門 門 門 門 門 門 門 門

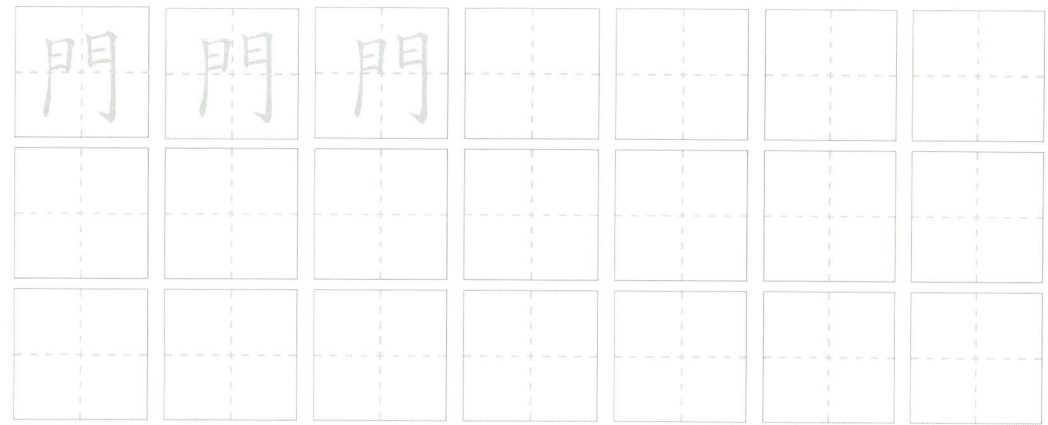

출제 단어

大門 대문 : 큰 문, 혹은 집의 정문.

門中 문중 : 가까운 친척.

빈칸 채우기

그는 일본 문화에 관해서는 專___家(전문가)다.

집에 오면 大___(대문)을 잘 걸어 잠가야 한다.

> 사물

7급

많은 물건을 싣고 빠른 시간(日)에 옮기는 것은 **수레**이다.

총 7획 부 車

비슷한 한자

東 동녘 동

수레 **거·차**

車 車 車 車 車 車 車

출제 단어
車馬 거마 : 수레와 말.
車道 차도 : 차가 다니는 길.

빈칸 채우기
주말에 自轉___(자전거)를 타러 공원에 갔다.
버스 停___場(정거장)에서 한참을 기다렸더니 몹시 춥다.

7급

기 **기**

깃발(㫃)을 올려 그(其) 표시를 한 것이 대장 기이다.

총 14획 부 方

비슷한 한자
族 겨레 족

旗旗旗旗旗旗旗旗旗旗旗旗旗旗

출제 단어
旗手 기수 : 기를 가지고 신호를 일삼는 사람.
太極旗 태극기 : 대한민국의 국기.

빈칸 채우기
적군이 우리에게 白___(백기)를 들었다.
國___는 그 나라의 고유한 상징이다.

> 상태

7급

빌 공

구멍(穴)을 파 만든(工) 것이 **빈** 공간이다.

총 8획 부 穴

동의자
虛 빌 허

반의자
滿 찰 만

출제 단어

空間공간 : 하늘과 땅 사이.

空想공상 : 이뤄질 수 없는 생각.

빈칸 채우기

____間(공간) 활용에 좋은 가구가 필요하다.

____氣(공기) 중에 미세먼지들이 많아서 호흡이 힘들다.

7급

적을 **소**

작은(小) 것을 얇게(丿) 깎아내니 **적은** 양이다.

총 4획 부 小

반의자
多 많을 다

비슷한 한자
小 작을 소

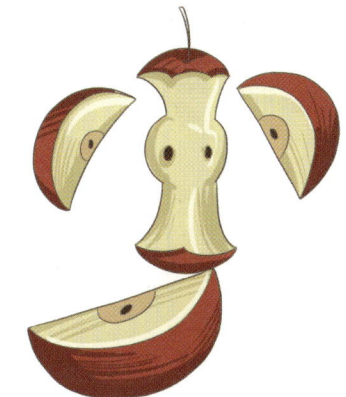

丿 小 小 少

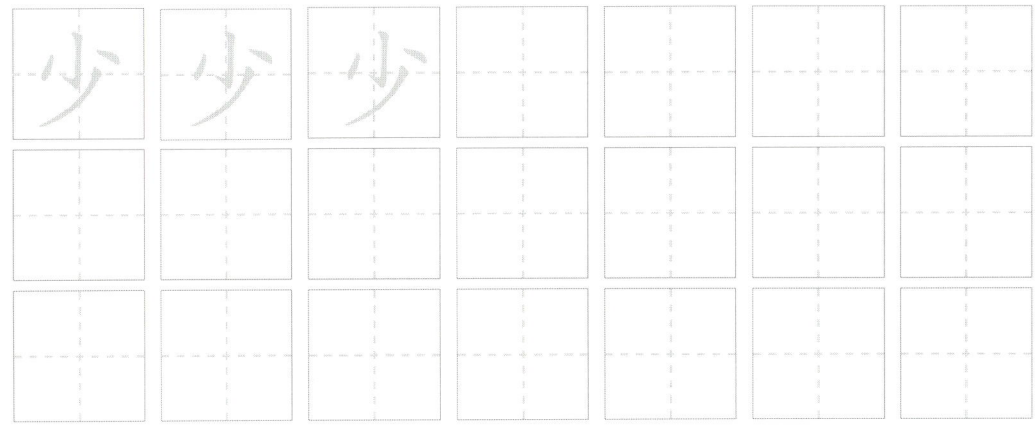

| 출제 단어 | 少女 소녀 : 어린 여자 아이.
減少 감소 : 줄어서 적어짐. |

빈칸 채우기
찐빵은 **男女老___**(남녀노소) 모두 좋아하는 겨울철 간식이다.

___**年**(소년)이여, 야망을 가져라.

> 상태

7급

늙을 **로**

허리가 구부러진 사람이 지팡이에 의지해 있는 모양을 본뜬 글자이다.

총 6획 부 老

반의자
幼 어릴 유
少 적을 소

老 老 老 老 老 老

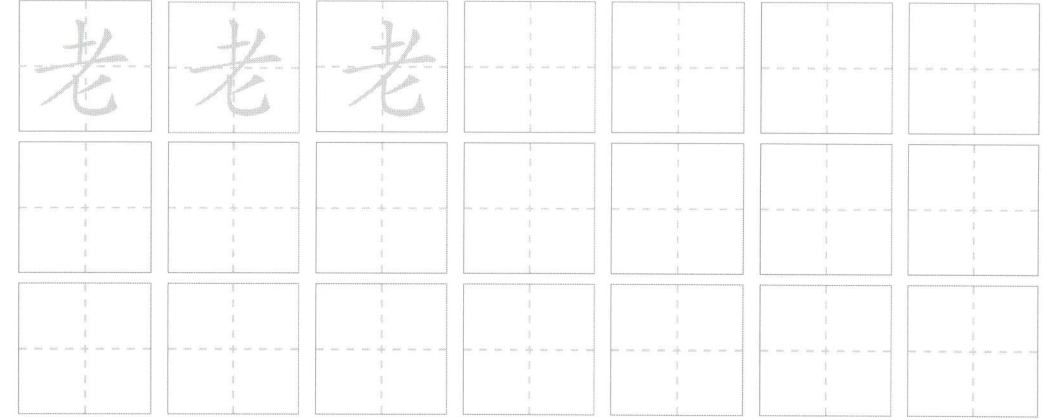

출제 단어
老年 노년 : 늙은 나이.
老少 노소 : 늙은이와 어린 아이.

빈칸 채우기
버스에는 敬___(경로)우대석이 있다.
___人(노인)들은 자주 건강검진을 받아야 한다.

7급

있을 **유**

사람은 손과 몸(月)을 가지고 **있다**.

총 6획 부 月

동의자
在 있을 재

반의자
無 없을 무

有 有 有 有 有 有

출제단어

有利 유리 : 이익이 있음.
所有 소유 : 가지고 있음.

빈칸채우기

상대편이 사람 수가 더 많아서 ___利(유리)하다.
이 고장은 빼어난 경치로 ___名(유명)하다.

> 상태

7급

무거울 중

마을(里) 사람들이 많이(千) 모아 두는 것은 **무겁고** 귀중한 물건이다.

총 9획 부 里

반의자
輕 가벼울 경

重重重重重重重重重

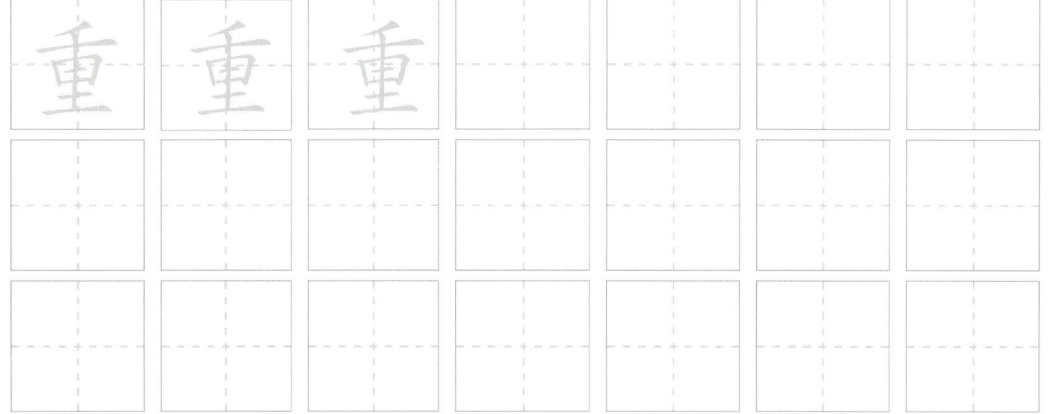

출제 단어

重用 중용 : 중요한 자리에 임용하는 것.

重大 중대 : 매우 중요하게 여김.

빈칸 채우기

겉모습보다 마음이 더 ___要(중요)하다.

연극에서 내가 맡은 역할의 比___(비중)은 매우 작다.

7급

숨어도(ㄴ) 여러(十) 곳으로 보니(目) **곧게** 보인다.

곧을 **직**

총 8획 부 目

동의자
貞 곧을 정

반의자
屈 굽을 굴

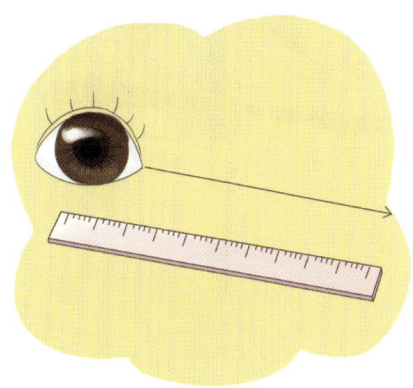

直 直 直 古 直 直 直 直

출제 단어

直角 직각 : 수평선과 수직선이 이루는 각. 즉 90도.

下直 하직 : 먼 길을 떠날 때에 웃어른께 작별을 아룀.

빈칸 채우기

우리 집 가훈은 正___(정직)이다.

내가 넘어지기 ___前(직전)에 손을 잡아줬다.

> 상태

7급

뿌리가 없이 물 위에 떠 있는 물풀의 모양을 본뜬 글자이다.

총 5획 부 干

동의자
均 고를 균

평평할 **평**

출제 단어
平民 평민 : 벼슬이 없는 일반민
平等 평등 : 차별이 없이 동등한 등급.

빈칸 채우기
당시 우리나라는 和___(화평)을 누리고 있었다.
___日(평일)에는 약속을 잡기가 어렵다.

7급

온전 **전**

흠이 없는 쪽으로 넣는(入) 구슬(玉)이니 **온전**하다.

총 6획 부 入

동의자
完 완전할 완

비슷한 한자
金 쇠 금/성 김

全 全 全 全 全 全

| 출제 단어 | 全力 전력 : 모든 힘. |
| | 全面 전면 : 어떤 범위의 전체. |

빈칸 채우기

해리는 항상 "____部(전부) 내꺼야!"라고 우긴다.

계란을 完____(완전)히 익혀 먹는 것을 좋아한다.

> 상태

7급

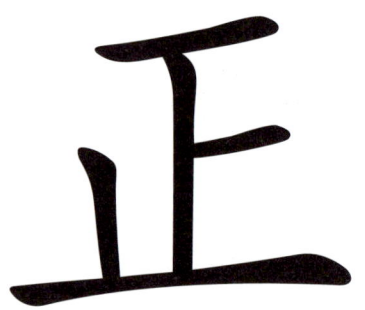

바를 정

발(止)을 가지런히 모으고(一) **바르게** 걸어간다.

총 5획 부 止

반의자
反 돌이킬 반

正 丁 正 正 正

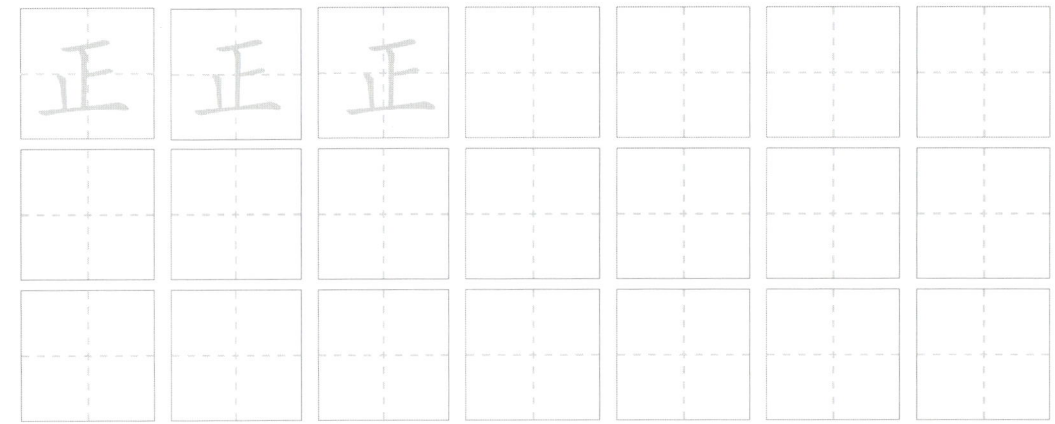

출제단어
正直 정직 : 거짓이나 꾸밈이 없이 성품이 바르고 곧음.
正門 정문 : 정면의 문.

빈칸 채우기
___答(정답)은 선생님만 알고 계신다.
3번 선수가 不___(부정) 출발했다.

☐ 7급

빛 **색**

사람(人)이 뱀(巴)을 보면 놀라 낯빛이 변한다.

총 6획 부 色

비슷한 한자
邑 고을 읍

色 色 色 色 色 色

色	色	色			

출제단어

同色 동색 : 같은 빛깔.

有色 유색 : 빛깔이 있음.

빈칸 채우기

____相(색상)이 화려해서 마음에 든다.

천연 ____素(색소)를 넣어 만든 아이스크림이다.

> 상태

7급

사람들(亻)이 나무(木) 그늘에 앉아 **쉬다**.

총 6획 부 亻

동의자

息 쉴 식

쉴 **휴**

休 休 休 休 休 休

출제 단어

休日 휴일 : 일을 쉬고 노는 날.

休暇 휴가 : 일정 기간 동안 쉬는 일.

빈칸 채우기

이번 여름 ___暇(휴가)는 할머니 댁에서 보내기로 했다.

유행성 전염병 때문에 ___校(휴교)를 하게 되었다.

8급

큰 대

사람이 양팔과 양발을 벌리고 서 있는 모양을 본뜬 글자이다.

총 3획 부 大

동의자
太 클 태

반의자
小 작을 소

비슷한 한자
犬 개 견

大 大 大

출제 단어
大家대가 : 학문이나 기술에 뛰어난 훌륭한 사람.
大道대도 : 큰 길. 사람이 마땅히 지켜야 할 도리.

빈칸 채우기
누나가 이번에 ___學(대학)에 합격했다.
우리 반 학생 ___部分(대부분)이 학원에 다닌다.

> 상태

8급

매우 **작고** 가는 것의 모습을 본뜬 글자이다.

총 3획 부 小

반의자
大 큰 대

비슷한 한자
少 적을 소

작을 **소**

小 小 小

출제 단어
小數소수 : 적은 수.
小心소심 : 조심성이 많음. 주의함.

빈칸 채우기
____說(소설)책이 너무 재미있어서 시간가는 줄 몰랐다.
날씨가 너무 추워서 자주 ____便(소변)이 마렵다.

8급

긴 **장**

수염을 **길게** 늘어뜨린 노인의 모습을 본뜬 글자이다.

총 8획 부 長

반의자

短 짧은 단

長 長 長 長 長 長 長 長

출제 단어

長久 장구 : 길고 오램.

長短 장단 : 긴 것과 짧은 것.

빈칸 채우기

야오밍은 유명한 ___身(장신) 농구선수다.

영양소를 골고루 섭취하는 것이 成___(성장)에 좋다.

> 상태

7급

햇볕(日)이 비치면(ヽ) 밝고 **희게** 보인다.

총 5획 부 白

반의자
黑 검을 흑

비슷한 한자
百 일백 백

흰 **백**

白 白 白 白 白

출제 단어	白雪백설 : 흰 눈.
	明白명백 : 의심할 것 없이 아주 뚜렷하고 환함.

빈칸 채우기

이건 明___(명백)한 네 잘못이다.

이번 연주회의 ___眉(백미)는 단연 피아노 독주였다.

8급

靑
푸를 **청**

초목이 처음에는 붉은(丹)색이지만 자라면서 (主) **푸르다**.

총 8획 부 靑

동의자
綠 푸를 록

비슷한 한자
淸 맑을 청

靑 靑 靑 靑 靑 靑 靑 靑

출제 단어
靑年 청년 : 청춘기에 있는 젊은 사람.
靑山 청산 : 나무가 무성하여 푸른 산.

빈칸 채우기
그는 참 건실한 ___年(청년)이다.
___春(청춘)은 아름답다.

확인학습 5회1

1. 다음 漢字의 음과 訓을 쓰세요.

(1) 紙 (   )   (2) 物 (   )   (3) 重 (   )

(4) 平 (   )   (5) 休 (   )   (6) 長 (   )

2. 다음 음과 訓을 보고 사다리를 타고 내려가 빈칸에 漢字를 쓰세요.

쇠 금   곧을 직   바를 정   빛 색   늙을 로   푸를 청

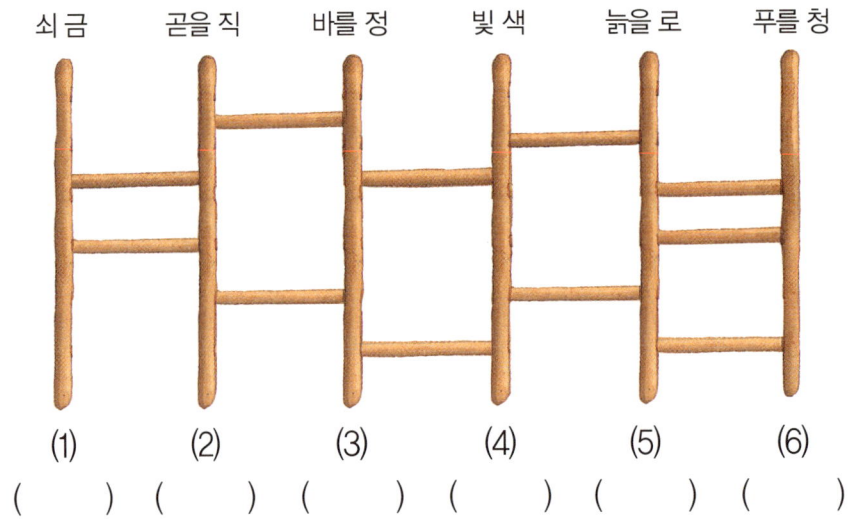

(1)   (2)   (3)   (4)   (5)   (6)
(   )   (   )   (   )   (   )   (   )   (   )

3. 다음 漢字의 讀音을 쓰세요.

(1) 白紙 (   )   (2) 人物 (   )   (3) 正直 (   )

4. 다음 漢字에서 색칠해진 부분의 필순을 쓰세요.

(1) 老   (2) 正

> 동작

7급

기록할 기

말한(言) 내용을 자기(己) 것으로 만들기 위해 **기록**을 한다.

총 10획 부 言

동의자

錄 기록할 록

記記記記記記記記記記

출제 단어

手記수기 : 자기의 생활이나 체험을 적은 기록.

記事기사 : 사실을 그대로 적음.

빈칸 채우기

지난 日___(일기)를 읽어보니 참 재미있다.

어머니는 매일매일 쓴 돈을 가계부에 ___入(기입)하신다.

> 동작

7급

물을 **문**

문(門) 앞에서 소리(口)내어 주인이 있는지 **묻는다**.

총 11획 부 口

반의자
答 대답 답
聞 들을 문

問 問 問 問 問 問 問 問 問 問

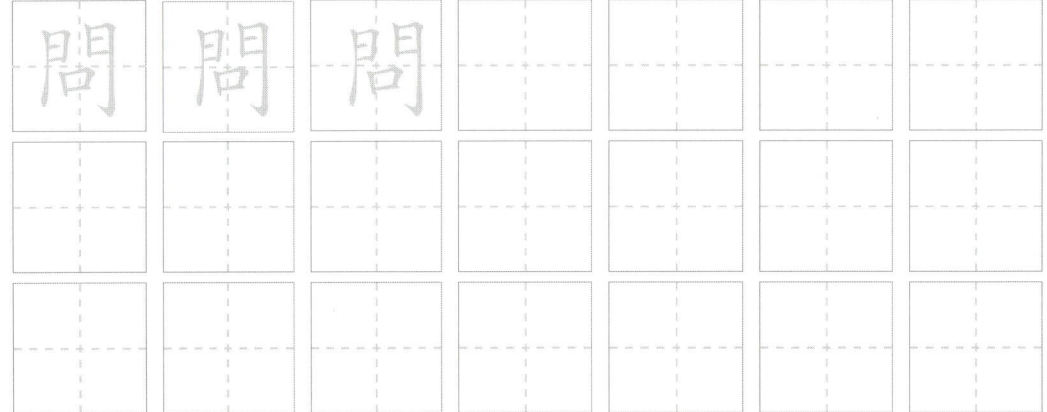

출제 단어

問答문답 : 물음과 대답.

問安문안 : 웃어른께 안부를 여쭘.

빈칸 채우기

시험 ____題(문제)가 너무 어려워서 풀 수가 없다.

발표가 끝났으니 質____(질문)해주세요.

7급

대답 **답**

대(竹)쪽에 합당(合)한 말을 써서 **회답**을 보낸다.

총 12획 부 竹

반의자
問 물을 문

答 答 答 答 答 答 答 答 答 答 答 答

출제단어
答紙 답지 : 답을 쓰는 종이.
自答 자답 : 자기 스스로에게 물은 것에 대하여 스스로 대답함.

빈칸 채우기
문제를 풀기 전에 모범 ____案(답안)을 보지 마라.
아무리 불러도 對____(대답)이 없다.

> 동작

7급

語

자기(吾)의 생각을 **말**(言)로 표현하는 것이 언어이다.

총 14획 부 言

동의자

言 말씀 언
話 말씀 화

말씀 **어**

語語語語語語語語語語語語語語

출제 단어
語文 어문 : 말과 글을 아울러 이르는 말.
語學 어학 : 언어에 대해 연구하는 학문.

빈칸 채우기
___學(어학)을 공부하는데 필요한 사전을 구입했다.
회화를 하려면 ___法(어법)을 알아야 한다.

7급

말씀 **화**

혀(舌)를 사용하여 **말하는**(言) 재주가 있으니 화술이 좋다.

총 13획 부 言

비슷한 한자
言 말씀 언
語 말씀 어

話 話 話 話 話 話 話 話 話 話 話 話

출제 단어
文話 문화 : 글에 관한 이야기.
手話 수화 : 손을 써서 표현하는 말.

빈칸 채우기
그는 ___術(화술)에 능한 사람이다.
우리 생활에 電___(전화)가 없다면 너무 불편할 것이다.

> 동작

7급

들 **입**

몸을 굽혀 안으로 **들어가는** 것을 본뜬 글자이다.

총 2획 부 入

반의자

出 날 출

入 入

출제단어

入城 입성 : 성안으로 들어감.

入口 입구 : 들어가는 어귀.

빈칸 채우기

방송국에는 出____(출입)증이 있어야 들어갈 수 있다.

동호회에 加____(가입)하려면 실명을 기재해야 한다.

☐ 7급

날 **출**

식물의 싹이 땅 위로 내민 모양을 본뜬 글자로 **나가다**의 뜻이다.

총 5획 부 凵

반의자
入 들 입

山 屮 出 出 出

출제 단어
出動출동 : 나가서 행동함.
出世출세 : 숨어 살던 사람이 세상에 나옴.

빈칸 채우기
새해를 맞이해서 日____(일출)을 보러 동해바다에 갔다.
선생님께서 ____席(출석)부를 보고 내 이름을 부르셨다.

> 동작

7급

기를 육

갓난아이가 살(月)이 오르니 잘 **기른다**.

총 8획 부 月

비슷한 한자
養 기를 양

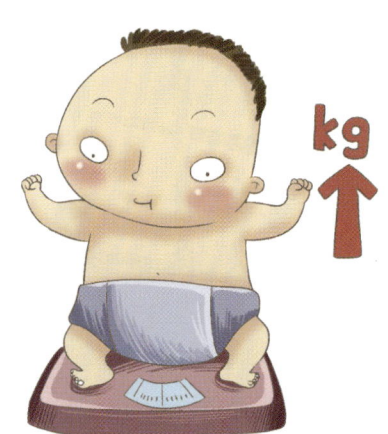

育 育 育 育 育 育 育 育

출제 단어

育成 육성 : 길러냄. 길러 발육시킴.
育英 육영 : 인재를 기름. 교육을 일컬음.

빈칸 채우기

어머니는 나를 키우면서 ___兒(육아)일기를 쓰셨다.

국가에서 인재를 ___成(육성)하기 위해서 교육에 투자한다.

7급

住
살 주

등불(主)이 켜 있는 곳은 사람(亻)이 머물러 **사는** 곳이다.

총 7획 부 亻

동의자
居 살 거

비슷한 한자
往 갈 왕

住 住 住 住 住 住 住

출제 단어
住民 주민 : 그 땅에 사는 백성.
內住 내주 : 안에 삶.

빈칸 채우기
___居(주거) 환경이 좋은 곳으로 이사를 왔다.
이 동네에는 연립 ___宅(주택)이 많다.

> 동작

7급

혀(舌)로 맛보며 먹고, 물(氵)을 마셔야 **살** 수 있다.

총 9획 부 氵

반의자
死 죽을 사

살 **활**

活活活活活活活活活

活 活 活

출제단어

活動 활동 : 기운차게 움직임.

活力 활력 : 살아 움직이는 힘.

빈칸 채우기

어머니는 집안일을 하시면서 生___(생활)의 지혜를 많이 터득하셨다.

자경이는 매우 ___動(활동)적인 성격이다.

7급

歌

노래 **가**

입(欠)을 벌려 읊조리는 것이 **노래**(哥)하는 것이다.

총 14획 부 欠

동의자

曲 굽을·노래 곡

歌 歌 歌 歌 歌 歌 歌 歌 歌 歌 歌 歌 歌

歌 歌 歌

출제단어

歌曲가곡 : 노래를 위한 곡조.

歌手가수 : 노래 부르는 것을 업으로 삼는 사람.

빈칸 채우기

동네잔치에서 어르신들의 흥겨운 ___舞(가무)를 봤다.

그녀는 ___唱(가창)력이 좋은 가수다.

> 동작

7급

農

농사 **농**

새벽(辰)부터 허리가 굽도록 밭(田)에서 일하는 것이 **농사**다.

총 13획 부 辰

비슷한 한자

晨 새벽 신

農農農農農農農農農農農農農

農 農 農

출제 단어
農民농민 : 농사짓는 사람.
農事농사 : 씨를 뿌려 수확하는 일.

빈칸 채우기
1년 ___事(농사)를 잘 지어 따뜻한 겨울을 맞았다.
밥을 먹을 때는 ___夫(농부)들의 정성을 생각해본다.

7급

보리 이삭의 모양을 본뜬 글자이다.

來

총 8획 부 人

반의자
往 갈 왕
去 갈 거

올 래

來 來 來 來 來 來 來 來

來	來	來				

출제 단어

來世 내세 : 죽은 뒤에 가서 산다는 미래의 세상.

來年 내년 : 올해의 다음 해.

빈칸 채우기

___日(내일)은 비가 내린다고 했다.

수업시간에 未___(미래)의 꿈에 대해서 이야기했다.

> 동작

7급

총 9획 부 食

동의자
飯 밥 반

밥·먹을 **식**

食食食食食食食食食

출제 단어	食事식사 : 밥과 음식을 먹는 것.
	食前식전 : 밥 먹기 전.

빈칸 채우기

감기약은 ____事(식사)후에 먹는 것이 좋다.

여름철에는 ____品(식품) 위생에 각별히 신경을 써야한다.

7급

설 립

두 발을 땅에 대고 사람이 서 있는 모양을 본뜬 글자이다.

총 5획 부 立

동의자
起 일어날 기

立 立 立 立 立

출제 단어
立場입장 : 처지.
正立정립 : 똑바로 섬.

빈칸 채우기
우리 학교는 公___(공립) 학교다.
상대편과 팽팽하게 代___(대립)하고 있다.

> 동작

7급

오를 **등**

발판(豆)을 밟고 걸어야(癶) 높은 데를 **오른다**.

총 12획 부 癶

동의자
昇 오를 승

반의자
降 내릴 강

登登登登登登登登登登登登

출제 단어

登山등산 : 산에 오름.
登場등장 : 무대 따위에 나옴.

빈칸 채우기

친구와 함께 ___校(등교)하는 것이 더 즐겁다.
주인공이 ___場(등장)할 때는 음악이 나온다.

7급

무거운(重) 것도 힘(力)을 들이면 **움직여진다**.

動

총 11획 부 力

반의자
止 그칠 지

움직일 **동**

動 動 動 動 動 動 動 動 動 動

출제 단어

動力 동력 : 기계를 움직이는 힘.

主動 주동 : 어떤 일의 주장이 되어 움직임.

빈칸 채우기

간단한 춤 ___作(동작)을 따라해 봤다.

국민의 성실과 근면은 경제 발전의 ___力(동력)이다.

> 동작

7급

총 8획 부 亅

동의자
業 업 업

일 사

事 事 事 事 事 事 事 事

출제 단어
事前 사전 : 어떤 일을 시작하거나 실행하기 전.
事後 사후 : 일이 끝난 뒤.

빈칸 채우기
___業(사업)이 번창하시길 바랍니다.
각자 개인 ___物(사물)이 분실되지 않도록 해야한다.

8급

가르칠 교

외로운 아이(子)들이 사귀면서(爻) 잘못하면 때리고(攵) 기르는 것이니 **가르치다**.

총 11획 부 攵

동의자
訓 가르칠 훈

반의자
學 배울 학

출제 단어
教學 교학 : 가르치는 일과 배우는 일.
教育 교육 : 가르쳐 기름. 가르쳐 지식을 줌.

빈칸 채우기
영어는 초등학교 때부터 ____育(교육)되고 있다.
시간표를 보고 내일 필요한 ____科書(교과서)를 미리 챙겨 두었다.

> 동작

8급

배울 학

어린 아이들(子)이 책상(一) 양쪽에 앉아 사귀고(爻) **배우는** 곳은 학교다.

총 16획 부자

반의자
敎 가르칠 교

출제 단어

學力 학력 : 학문의 실력.

入學 입학 : 학교에 들어감.

빈칸 채우기

실험실에서 科___(과학)수업을 했다.

___生(학생)을 대상으로 할인 행사를 하고 있다.

8급

땅(土)을 뚫고 싹(屮)이 나오니 **생명**이다.

총 5획 부 生

반의자
死 죽을 사

날 **생**

生 生 生 生 生

출제 단어

生命생명 : 사람이 살아서 숨쉬고 활동할 수 있게 하는 힘.

生物생물 : 동물, 식물의 총칭.

빈칸 채우기

드디어 出____(출생)의 비밀이 밝혀지는 순간이다.

친구들이 ____日(생일)을 축하해주러 집에 찾아왔다.

확인학습 6회

1. 다음 漢字의 음과 訓을 쓰세요.

(1) 登 (　　　) (2) 記 (　　　) (3) 事 (　　　)

(4) 學 (　　　) (5) 答 (　　　) (6) 歌 (　　　)

2. 다음 음과 訓을 보고 사다리를 타고 내려가 빈칸에 漢字를 쓰세요.

가르칠 교　물을 문　살 활　농사 농　밥·먹을 식　움직일 동

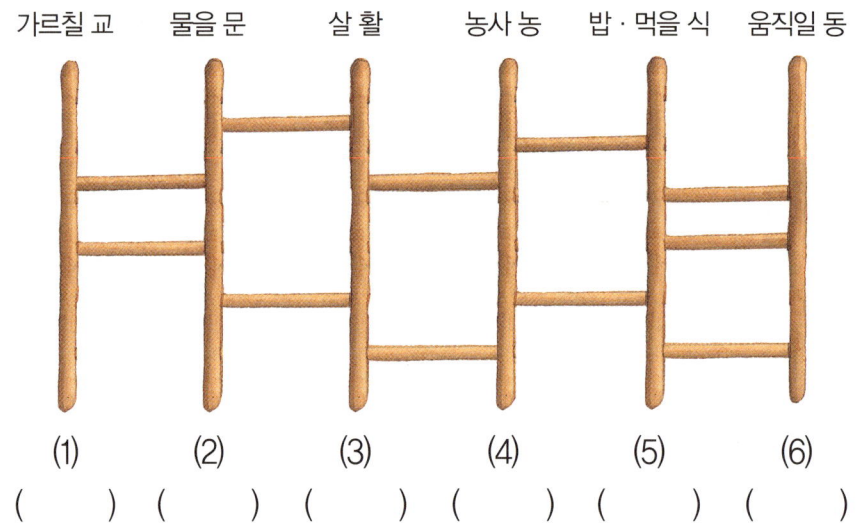

(1)(　) (2)(　) (3)(　) (4)(　) (5)(　) (6)(　)

3. 다음 漢字의 讀音을 쓰세요.

(1) 學生 (　　　) (2) 敎育 (　　　) (3) 問答 (　　　)

4. 다음 漢字에서 색칠해진 부분의 필순을 쓰세요.

(1) 出　　(2) 生

> 기타

7급

기운 **기**

쌀(米)로 밥을 지을 때는 증기(气)의 **기운**으로 짓는다.

총 10획 부 气

氣氣氣气氣氣氣氣氣氣

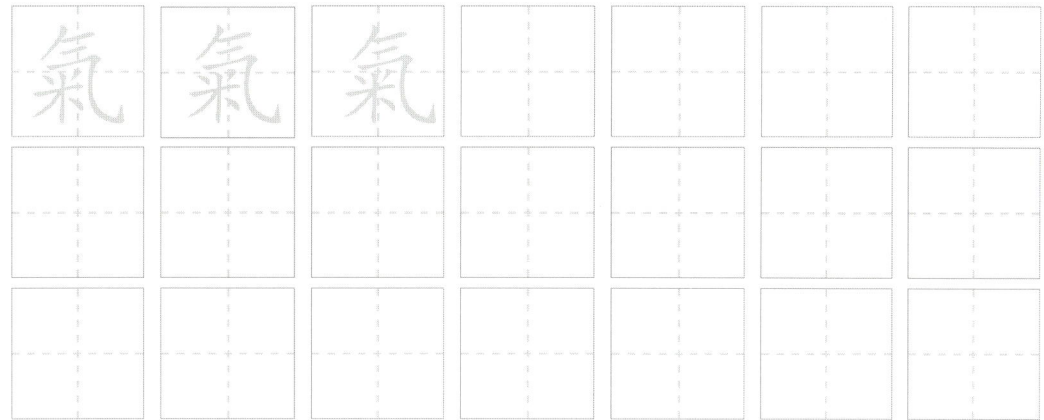

출제 단어

人氣 인기 : 어떤 대상에 쏠리는 대중의 높은 관심.

氣力 기력 : 일을 감당해 나갈 수 있는 정신과 육체의 힘.

빈칸 채우기

어제 비를 흠뻑 맞았더니 感___(감기)에 걸렸다.

景___(경기)가 회복되어 수출이 활기를 띠고 있다.

> 기타

7급

근육이 솟도록 팔에 **힘**을 주고 있는 모양을 본뜬 글자이다.

총 2획 부 力

비슷한 한자

刀 칼 도

힘 **력**

力 力

출제 단어

火力 화력 : 불의 힘.

人力 인력 : 사람의 힘.

빈칸 채우기

많은 과학자들이 첨단 기술 개발에 努____(노력)을 기울이고 있다.

그의 업무 能____(능력)은 뛰어나다.

7급

命

목숨 **명**

사람(人)은 하늘의 명령(令)에 **목숨**이 달렸다.

총 8획 부 口

동의자

壽 목숨 수

命 命 命 命 命 命 命 命

출제 단어

命名 명명 : 사람이나 물건에 이름을 지어 붙임.

天命 천명 : 하늘의 뜻.

빈칸 채우기

김 씨는 이번 화재로 화상을 입었지만 生____(생명)에는 지장이 없다.

이건 어길 수 없는 ____令(명령)이다.

> 기타

7급

어두운 저녁(夕)에 소리쳐(口) **이름**을 부른다.

총 6획 부 口

비슷한 한자

各 각각 각

이름 **명**

출제 단어

名家명가 : 명망이 높은 가문.

名文명문 : 썩 잘 지은 글.

빈칸 채우기

옛 선비들은 ____分(명분)을 중시하였다.

추석은 민족대이동이 일어나는 ____節(명절)이다.

7급

무늬가 교차한 것을 나타내니 **글자**이다.

총 4획 부 文

동의자
章 글 장

글월 **문**

文 文 文 文

출제단어

文學 문학 : 글에 대한 학문.

文身 문신 : 살갗을 바늘로 찔러 먹물을 넣음.

빈칸 채우기

방학 동안 다양한 ____學(문학)작품을 읽었다.

외국에서 살면서 우리나라의 ____化(문화)를 알리는 일을 한다.

> 기타

7급

집(宀)에 자식(子)이 생기면 먼저 **글자**를 가르쳐야 한다.

총 6획 부수 子

글자 **자**

字 字 字 字 字 字

| 출제 단어 | 文字문자 : 글자. |
| | 正字정자 : 자체가 바르게 또박또박 쓴 글자. |

빈칸 채우기

___間(자간)을 넓히면 읽기가 더 좋을 것 같다.

모르는 한자가 나오면 ___典(자전)을 찾아본다.

7급

효도 **효**

늘으신(耂) 부모를 자식(子)이 섬기니 **효도**하는 것이다.

총 7획 부자

孝 孝 孝 孝 孝 孝 孝

출제 단어

孝道효도 : 부모를 잘 섬기는 도리.

孝子효자 : 부모를 잘 섬기는 아들.

빈칸 채우기

어른이 되어 ___道(효도) 하고 싶다.

몸이 아픈 것은 부모님께 不___(불효)하는 것이다.

> 기타

7급

스스로 자

코의 모양을 본뜬 글자로 코를 가리키며 스스로를 나타낸다.

총 6획 부 自

동의자
己 몸 기

自 自 自 自 自 自

출제 단어
自動 자동 : 스스로 움직임.
自主 자주 : 보호나 간섭을 받지 않고 자기 일을 스스로 함.

빈칸 채우기
성인이 되어 경제적으로 ___立(자립)했다.
나에게도 말할 ___由(자유)가 있다.

7급

한가지 **동**

성(冂) 안에 하나(一)의 입(口)으로 모여 있으니 **같이, 한가지**이다.

총 6획 부 口

비슷한 한자

洞 골 동/ 밝을 통

同 同 同 同 同 同

출제 단어

同門동문 : 같은 학교를 졸업한 사람.

同時동시 : 같은 시간.

빈칸 채우기

두 사람은 이름이 같아서 부르면 ___時(동시)에 대답한다.

혜원이와 나는 ___甲(동갑)이다.

> 기타

7급

새가 하늘로 향해 날아가 버리는 모양을 본뜬 글자이다.

총 4획 부 一

동의자
非 아닐 비

아닐 **불·부**

不 不 不 不

출제 단어	不孝불효 : 부모에게 자식된 도리를 못함.
	不動부동 : 움직이지 않음.

빈칸 채우기
아이를 집에 혼자 두기가 ___安(불안)하다.
키가 작은 것이 ___滿(불만)이다.

7급

그럴 **연**

개(犬) 고기(肉)를 불(灬)에 그을리니 맛이 그럴싸하다.

총 12획 부 灬

비슷한 한자

怨 원망할 원

출제 단어

自然 자연 : 사람의 힘을 더하지 않는 천연 그대로의 상태.

然後 연후 : 그런 뒤.

빈칸 채우기

이렇게 공부를 안 하고 果___(과연) 시험에 합격할 수 있을지 모르겠다.

집에 늦게 가면 부모님이 걱정하시는 건 當___(당연)하다.

> 기타

7급

여자(女)가 아이를 낳으면(生) 성과 이름을 붙여준다.

총 8획 부 女

동의자

氏 각시 · 성씨 씨

성씨 **성**

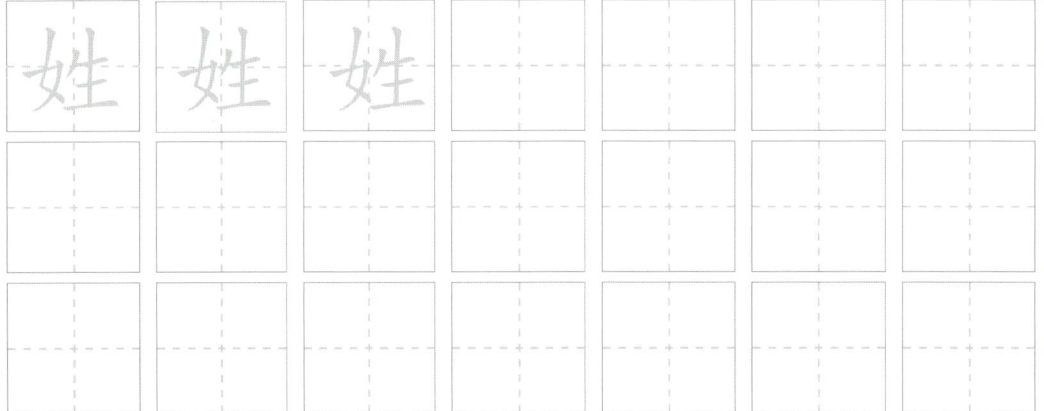

출제 단어

姓名 성명 : 성과 이름.

同姓 동성 : 성씨가 같음.

빈칸 채우기

편지에 보내는 사람의 ___名(성명)이 적혀 있지 않았다.

___氏(성씨)가 같은 사람들끼리 모였다.

8급

마디 **촌**

손목(十)에서 맥박(丶)이 뛰고 있는 곳까지의 길이가 **마디**이다.

총 3획 부 寸

비슷한 한자
才 재주 재

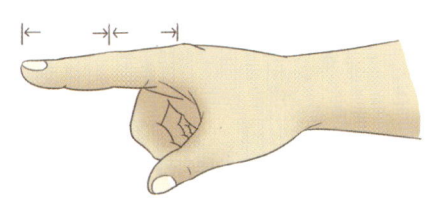

寸 寸 寸

출제 단어

寸數촌수 : 친족 간의 멀고 가까운 정도를 나타내는 숫자체계.

一寸일촌 : 얼마 안 되는 것. 한 마디.

빈칸 채우기

____刻(촌각)을 다투는 급박한 상황이다.

고모의 아들과 딸을 고종 四____(사촌)이라고 한다.

확인학습 7회

1. 다음 漢字의 음과 訓을 쓰세요.

(1) 氣 (   )   (2) 名 (   )   (3) 自 (   )

(4) 不 (   )   (5) 姓 (   )   (6) 寸 (   )

2. 다음 음과 訓을 보고 사다리를 타고 내려가 빈칸에 漢字를 쓰세요.

목숨 명   글자 자   한가지 동   그럴 연   글월 문   효도 효

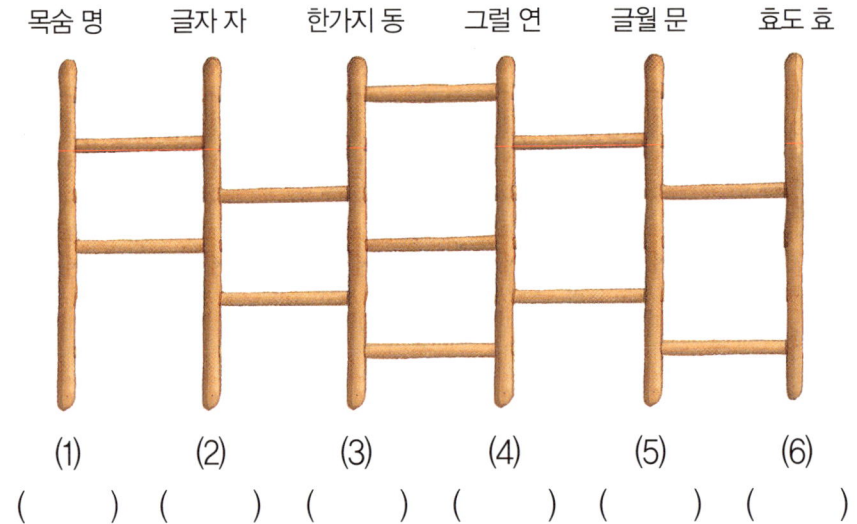

(1)   (2)   (3)   (4)   (5)   (6)
(   )   (   )   (   )   (   )   (   )   (   )

3. 다음 漢字의 讀音을 쓰세요.

(1) 文字 (   )   (2) 孝心 (   )   (3) 自然 (   )

4. 다음 漢字에서 색칠해진 부분의 필순을 쓰세요.

(1) 文   (2) 然

확인학습 정답

확인학습 1회 정답

1. (1) 강 강 (2) 땅 지
   (3) 물 수 (4) 바다 해
   (5) 심을 식 (6) 번개 전

2. (1) 草 (2) 花
   (3) 林 (4) 山
   (5) 木 (6) 月

3. (1) 초목 (2) 해수
   (3) 강산

4. (1) ① (2) ④

확인학습 2회 정답

1. (1) 남녘 남 (2) 왼 좌
   (3) 앞 전 (4) 학교 교
   (5) 길 도 (6) 나라 국

2. (1) 外 (2) 韓
   (3) 場 (4) 室
   (5) 村 (6) 方

3. (1) 북한 (2) 교실
   (3) 국외

4. (1) ① (2) ⑥

확인학습 3회 정답

1. (1) 일만 만 (2) 셈 산
   (3) 셈 수 (4) 뒤 후
   (5) 봄 춘 (6) 가을 추

2. (1) 五 (2) 時
   (3) 冬 (4) 夕
   (5) 先 (6) 間

3. (1) 추석 (2) 백만
   (3) 시간

4. (1) ③ (2) ⑦

확인학습 4회 정답

1. (1) 손 수 (2) 사내 남
   (3) 어머니 모 (4) 백성 민
   (5) 아우 제 (6) 군사 군

2. (1) 王 (2) 女
   (3) 安 (4) 父
   (5) 祖 (6) 足

3. (1) 부모 (2) 형제
   (3) 민주

4. (1) ⑨ (2) ③

확인학습 5회 정답

1. (1) 종이 지　(2) 물건 물
   (3) 무거울 중　(4) 평평할 평
   (5) 쉴 휴　(6) 긴 장

2. (1) 金　(2) 老
   (3) 色　(4) 正
   (5) 靑　(6) 直

3. (1) 백지　(2) 인물
   (3) 정직

4. (1) ⑤　(2) ④

확인학습 6회 정답

1. (1) 오를 등　(2) 기록할 기
   (3) 일 사　(4) 배울 학
   (5) 대답 답　(6) 노래 가

2. (1) 敎　(2) 食
   (3) 農　(4) 活
   (5) 動　(6) 問

3. (1) 학생　(2) 교육
   (3) 문답

4. (1) ①　(2) ⑤

확인학습 7회 정답

1. (1) 기운 기　(2) 이름 명
   (3) 스스로 자　(4) 아닐 불·비
   (5) 성씨 성　(6) 마디 촌

2. (1) 然　(2) 文
   (3) 孝　(4) 字
   (5) 同　(6) 命

3. (1) 문자　(2) 효심
   (3) 자연

4. (1) ③　(2) ⑧

유형별 한자학습

유의자   180
반의자   181
동음이의어   182
사자성어   183

유의자

- 家 집 가 — 室 집 실
- 里 마을 리 — 村 마을 촌
- 文 글월 문 — 字 글자 자
- 算 셈 산 — 數 셈 수
- 樹 나무 수 — 木 나무 목
- 語 말씀 어 — 話 말씀 화
- 王 임금 왕 — 主 주인·임금 주
- 邑 고을 읍 — 洞 골 동 / 밝을 통
- 一 한 일 — 同 한가지 동
- 前 앞 전 — 先 먼저 선
- 土 흙 토 — 地 땅 지
- 便 편할 편 — 安 편안 안
- 海 바다 해 — 洋 큰바다 양

반의자

· 江	강 강	↔	山	메 산
· 敎	가르칠 교	↔	學	배울 학
· 南	남녘 남	↔	北	북녘 북
· 男	사내 남	↔	女	계집 녀
· 內	안 내	↔	外	바깥 외
· 答	대답 답	↔	問	물을 문
· 大	큰 대	↔	小	작을 소
· 東	동녘 동	↔	西	서녘 서
· 父	아버지 부	↔	母	어머니 모
· 上	윗 상	↔	下	아래 하
· 手	손 수	↔	足	발 족
· 入	들 입	↔	出	날 출
· 前	앞 전	↔	後	뒤 후
· 左	왼 좌	↔	右	오른 우
· 天	하늘 천	↔	地	땅 지
· 春	봄 춘	↔	秋	가을 추
· 夏	여름 하	↔	冬	겨울 동
· 兄	형 형	↔	弟	아우 제

동음이의어

- **공동**
  - 共同   두 사람 이상이 일을 같이 함.
  - 空洞   아무 것도 없이 텅 비어 있는 굴.

- **공해**
  - 公海   모든 나라가 공통으로 사용할 수 있는 바다.
  - 公害   사람이나 생물이 입게 되는 피해.

- **교정**
  - 校庭   학교의 마당이나 운동장.
  - 校正   글자의 잘못된 것을 대조하여 바로잡음.

- **동심**
  - 同心   같은 마음.
  - 童心   어린 아이의 마음.

- **부자**
  - 父子   아버지와 아들.
  - 富者   돈이 많은 사람.

- **시장**
  - 市長   시를 대표하는 책임자.
  - 市場   물건을 사고파는 일정한 장소.

- **식수**
  - 食水   먹는 물.
  - 植樹   나무를 심음.

- **일정**
  - 一定   바뀌는 것이 없이 한결 같은 것.
  - 日程   그 날에 해야 할 일.

- **자신**
  - 自身   자기.
  - 自信   자신의 능력을 믿는 것.

사자성어

- **古今東西**(고금동서) : 동양과 서양, 그리고 과거와 지금을 통틀어 일컫는 말.
- **公明正大**(공명정대) : 모든 일에 마음이 공평하고 올바름.
- **九牛一毛**(구우일모) : '아홉 마리 소에 털 한 가닥이 빠진 정도'라는 뜻으로, 아주 큰 물건 속에 있는 아주 작은 부분.
- **九死一生**(구사일생) : 여러 번의 죽을 고비를 넘기고 겨우 목숨을 건짐.
- **男女有別**(남녀유별) : 남자와 여자 사이에는 분별이 있어야 함.
- **大明天地**(대명천지) : 매우 밝은 세상.
- **馬耳東風**(마이동풍) : '말의 귀에 동풍'이라는 뜻으로, 다른 사람의 의견을 조금도 들으려 하지 않음을 이르는 말.
- **明明白白**(명명백백) : 의심할 여지가 없이 아주 분명함.
- **木人石心**(목인석심) : 나무인형에 돌 같은 마음이라는 뜻으로, 감정이 없는 사람을 이르는 말.
- **父子有親**(부자유친) : 오륜의 하나로, 아버지와 아들 사이는 친애가 있어야 함.
- **山川草木**(산천초목) : 산과 내, 풀과 나무.
- **身土不二**(신토불이) : '자기의 몸과 땅은 하나'라는 뜻으로, 태어난 땅에서 난 것이 자기 몸에 맞다는 말.
- **十中八九**(십중팔구) : '열 중에 여덟이나 아홉이 된다'는 뜻으로, 거의 확실히 그럴 것이라는 말.
- **樂山樂水**(요산요수) : 산을 좋아하고 물을 좋아함.

사자성어

- 一口二言(일구이언) : '한 입으로 두 말을 한다'는 뜻으로, 말을 이랬다 저랬다 하는 것을 이르는 말.
- 一日三秋(일일삼추) : '하루가 삼년 같다'는 뜻으로, 뭔가를 초조히 기다리는 것을 이르는 말.
- 一石二鳥(일석이조) : '한 개의 돌을 던져 두 마리의 새를 맞추어 떨어뜨린다'는 뜻으로, 한 가지 일을 해서 두 가지 이익을 얻음을 이르는 말.
- 靑山流水(청산유수) : '푸른 산에 맑은 물'이라는 뜻으로, 말을 썩 잘하는 것을 비유적으로 이르는 말.
- 靑天白日(청천백일) : 환하고 밝은 대낮.
- 春夏秋冬(춘하추동) : 봄, 여름, 가을, 겨울.

제1회 한자능력검정시험

第1回 漢字能力檢定試驗 8級 問題紙

※ 다음 글을 읽고 밑줄 친 漢字(한자)의 讀音(독음:읽는 소리)을 쓰세요.(1~16)

〈보기〉
江 → 강

○ 우리 兄(1)님은 오月(2)에 軍(3)대에 가셨다. 우리 형弟(4)는 나이 차이가 많이 나지만, 같은 초등學(5)교를 졸업했다.

○ 父(6)母(7)님께서 日(8)본으로 여행을 가셔서 女(9)동생과 나는 삼寸(10)댁에 갔다.

○ 철수와 나는 六(11)촌 사이다.

○ 학校(12) 교室(13)에서 사용하는 난로는 火(14)력이 세다.

○ 나는 東(15)대門(16)에 한 번도 가보지 못하였다.

※ 다음에 알맞은 漢字(한자)를 〈보기〉에서 찾아 그 번호를 쓰세요.(17~31)

[보기]
①十 ②火 ③校 ④外 ⑤山
⑥先 ⑦弟 ⑧寸 ⑨東 ⑩國
⑪人 ⑫金 ⑬土 ⑭韓 ⑮木

(17) 불

(18) 흙

(19) 아우

(20) 열

(21) 한국·나라

(22) 마디

(23) 바깥

(24) 먼저

(25) 사람

(26) 메

(27) 동녘

(28) 쇠

(29) 학교

(30) 나라

(31) 나무

※ 다음 밑줄 친 낱말의 뜻에 해당하는 漢字(한자)를 〈보기〉에서 찾아 그 번호를 쓰세요.(32~40)

[보기]
① 火 ② 五 ③ 日 ④ 先 ⑤ 東
⑥ 一 ⑦ 校 ⑧ 長 ⑨ 中 ⑩ 女
⑪ 門 ⑫ 父

가. 우리 학교(32) 뒷산에 산불(33)이 나서 다섯(34)군데 소방서에서 출동했다.

나. 아침 해(35)가 동쪽(36)에서 날마다 떠오른다.

다. 게임의 규칙은 여자(37)가 먼저(38) 가운데(39) 문(40)을 통과해야 한다.

※ 다음 漢字(한자)의 訓(훈:뜻)과 音(음:소리)을 쓰세요.(41~48)

(41) 校

(42) 國

(43) 南

(44) 大

(45) 母

(46) 民

(47) 四

(48) 先

※ ㉠획의 쓰는 순서는 몇 번째일까요.(49~50)

(49)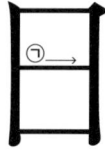
① 세번째
② 첫번째
③ 두번째
④ 네번째

(50)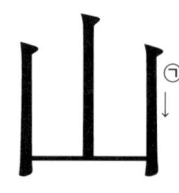
① 세번째
② 첫번째
③ 두번째
④ 네번째

第2回 漢字能力檢定試驗 8級 問題紙

※ 다음 글을 읽고 밑줄 친 漢字(한자)의 讀音(독음:읽는 소리)을 쓰세요.(1~10)

[보기]
正 → 정

○ 西(1)大(2)문은 지금은 없어졌지만 옛날 서울의 사대문중 하나였다.

○ 男(3)학生(4)이 女(5)학생보다 많다.

○ 外(6)국에 가면 韓(7)國(8)인이라는 것이 자랑스럽다.

○ 우리 父(9)모님께서는 年(10)금을 받으신다.

※ 다음 밑줄 친 낱말의 뜻에 해당하는 漢字(한자)를 〈보기〉에서 찾아 그 번호를 쓰세요.(11~20)

[보기]
① 小 ② 九 ③ 金 ④ 靑
⑤ 王 ⑥ 年 ⑦ 山 ⑧ 外
⑨ 兄 ⑩ 十

가. 쇠(11)로 만들어진 작은(12) 구슬 아홉(13) 개를 받았다.

나. 왕(14)께서 푸르고(15) 높은 산(16) 위에 오르셨다.

다. 형님(17) 께서는 해(18)마다 바깥(19) 나라를 여행하신지 십(20)년이 넘었다.

※ 다음에 알맞은 漢字(한자)를 〈보기〉에서 찾아 그 번호를 쓰세요.(21~30)

[보기]
① 萬　② 門　③ 南　④ 王
⑤ 大　⑥ 月　⑦ 九　⑧ 五
⑨ 室　⑩ 敎　⑪ 靑

(21) 가르치다

(22) 아홉

(23) 남녘

(24) 푸르다

(25) 달

(26) 임금

(27) 일만

(28) 문

(29) 크다

(30) 집

※ 다음 漢字(한자)의 訓(훈:뜻)과 音(음:소리)을 쓰세요.(31~40)

(31) 敎

(32) 軍

(33) 女

(34) 東

(35) 木

(36) 白

(37) 山

(38) 生

(39) 小

(40) 五

※ 다음 漢字(한자)의 훈(훈:뜻)이나 음(음: 소리)을 <보기>에서 찾아 그 번호를 쓰세요.(41~48)

[보기]
① 화 ② 푸르다 ③ 가운데
④ 목 ⑤ 동녘   ⑥ 여섯
⑦ 년 ⑧ 민

(41) 六

(42) 木

(43) 靑

(44) 年

(45) 火

(46) 東

(47) 中

(48) 民

※ ㉠획의 쓰는 순서는 몇 번째 일까요. (49~50)

(49)
① 세번째
② 첫번째
③ 두번째
④ 네번째

(50)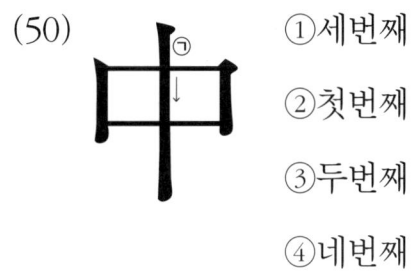
① 세번째
② 첫번째
③ 두번째
④ 네번째

第1回 漢字能力檢定試驗 7級 問題誌

※ 다음 漢字(한자)의 訓(훈:뜻)과 音(음:소리)을 쓰세요.(1~20)

[보기]

月 → 달 월

(1) 氣
(2) 命
(3) 算
(4) 動
(5) 學
(6) 時
(7) 母
(8) 然
(9) 姓
(10) 韓
(11) 前
(12) 數
(13) 春
(14) 室
(15) 夏
(16) 海
(17) 場
(18) 紙
(19) 後
(20) 村

※ 다음 밑줄 친 漢字語(한자어)의 音(음:소리)을 쓰세요.(21~54)

[보기]

漢字 → 한자

(21) 사람이 어떤 곳에서 살면 主人이 된다.
(22) 電力 공급이 잘 된다.
(23) 世上에서 가장 귀하다.
(24) 우리 王國으로 오라.
(25) 예쁘게 꾸미려고 하면 色紙가 필요하다.
(26) 집안의 家長으로서 애써야 한다.

(27) 全國에 비가 내린다.
(28) 우리집 가훈은 正直이다.
(29) 화장실을 便所라고도 한다.
(30) 나중에 電話로 이야기 하자.
(31) 그 기계는 自動으로 움직인다.
(32) 하는 커서 海軍이 될 테야.
(33) 우리나라의 國花는 무궁화다.
(34) 횡단보도를 건널 때는 左右를 살펴라.
(35) 곧 秋夕이다.
(36) 青少年 보호구역이다.
(37) 우리학교 校長선생님은 참 젊으시다.
(38) 兄弟는 소중한 사이다.
(39) 水中생물을 보호해야 한다.
(40) 農村에는 공기가 참 좋다.
(41) 낮 12시를 正午라고도 한다.
(42) 우리집 大門은 파랑색이다.
(43) 내 친구의 장래희망은 歌手이다.
(44) 休紙도 재활용하면 좋은 자원이 된다.
(45) 용돈 記入을 철저히 해야 한다.
(46) 다음 주에 뒷산으로 登山을 갈 계획이다.
(47) 방패연이 空中에 날고 있다.
(48) 몸살에 걸려 얼굴에 生氣가 없다.
(49) 市立 교향악단의 공연을 보러 간다.
(50) 우리 四寸형은 검도를 잘 한다.
(51) 겨울 방학에 中國으로 여행 갈 계획이다.
(52) 來日은 날씨가 화창하대.
(53) 심청이는 孝心이 지극했대.
(54) 흥부네는 食口가 많다.

※ 다음 訓(훈:뜻)과 音(음:소리)에 맞는 漢字(한자)를 보기에서 골라 그 번호를 쓰세요.(55~64)

[보기]
①話 ②邑 ③姓 ④電 ⑤記
⑥面 ⑦時 ⑧安 ⑨事 ⑩道

(55) 기록할 기

(56) 때 시

(57) 고을 읍

(58) 말씀 화

(59) 낯 면

(60) 번개 전

(61) 성씨 성

(62) 편안 안

(63) 길 도

(64) 일 사

※ 다음 漢字(한자)의 상대 또는 반대되는 漢字(한자)를 보기에서 골라 그 번호를 쓰세요.(65~66)

[보기]
①右 ②女 ③春 ④東

(65) 男

(66) 秋

※ 다음 漢字語(한자어)의 뜻을 쓰세요.(67~68)

(67) 問答 :

(68) 兄弟 :

※ 다음 漢字(한자)의 진하게 표시된 한 획은 몇 번째 쓰는지 〈보기〉에서 찾아 그 번호를 쓰세요.(69~70)

[보기]
① 첫번째 ② 두번째   ③ 세번째
④ 네번째 ⑤ 다섯번째 ⑥ 여섯번째
⑦ 일곱번째 ⑧ 여덟번째

(69) 門

(70) 文

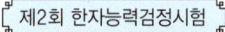

第2回 漢字能力檢定試驗 7級 問題紙

※ 다음 漢字(한자)의 訓(훈:뜻)과 音(음:소리)을 쓰세요.(1~32)

[보기]
家門 → 가문

(1) 安心
(2) 國旗
(3) 山林
(4) 登場
(5) 入住
(6) 每年
(7) 萬世
(8) 日記
(9) 名物
(10) 百姓
(11) 便安
(12) 食水
(13) 車道
(14) 市內
(15) 車主
(16) 數學
(17) 同時
(18) 問答
(19) 電算
(20) 不動
(21) 外國
(22) 老後
(23) 入山
(24) 活氣
(25) 草家
(26) 植木
(27) 地方
(28) 靑春
(29) 國軍
(30) 兄弟
(31) 敎室
(32) 萬物

※ 다음 漢字(한자)의 訓(훈:뜻)과 音(음:소리)을 쓰세요.(33~52)

(33) 休
(34) 南
(35) 祖
(36) 年
(37) 紙
(38) 歌
(39) 重
(40) 空
(41) 登
(42) 旗
(43) 有
(44) 電
(45) 平
(46) 話
(47) 食
(48) 洞
(49) 道
(50) 場
(51) 北
(52) 冬

※ 다음 밑줄 친 단어의 漢字語(한자어)를 〈보기〉에서 골라 그 번호를 쓰세요.(53~54)

[보기]
① 山林 ② 便紙 ③ 敎育 ④ 文學

(53) 교육이란 백년 뒤를 생각해서 계획을 세워야 한다.
(54) 예전에는 편지를 많이 썼다.

※ 다음 訓(훈:뜻)과 音(음:소리)에 맞는 漢字(한자)를 〈보기〉에서 골라 그 번호를 쓰세요.(55~64)

[보기]
① 白 ② 語 ③ 百 ④ 林 ⑤ 長
⑥ 靑 ⑦ 全 ⑧ 色 ⑨ 命 ⑩ 直

(55) 목숨 명
(56) 푸를 청
(57) 말씀 어
(58) 곧을 직
(59) 흰 백
(60) 온전 전
(61) 수풀 림
(62) 긴 장

(63) 일백 백

(64) 빛 색

※ 다음 漢字(한자)의 상대 또는 반대되는 漢字(한자)를 보기에서 골라 그 번호를 쓰세요.(65~66)

[보기]
① 夕 ② 百 ③ 後 ④ 足

(65) 前 ↔

(66) 手 ↔

※ 다음 漢字語(한자어)의 뜻을 쓰세요.(67~68)

(67) 不足

(68) 登校

※ 다음 漢字(한자)의 진하게 표시된 한 획은 몇 번째 쓰는지 〈보기〉에서 찾아 그 번호를 쓰세요.(69~70)

[보기]
① 첫번째 ② 두번째 ③ 세번째
④ 네번째 ⑤ 다섯번째 ⑥ 여섯번째

(69) 正

(70) 安

실전 모의고사 정답

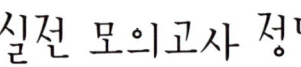
8급 모의고사 **1회 정답**

(1) 형
(2) 월
(3) 군
(4) 제
(5) 학
(6) 부
(7) 모
(8) 일
(9) 여
(10) 촌
(11) 육
(12) 교
(13) 실
(14) 화
(15) 동
(16) 문
(17) ②
(18) ⑬
(19) ⑦
(20) ①
(21) ⑭
(22) ⑧
(23) ④
(24) ⑥
(25) ⑪
(26) ⑤
(27) ⑨
(28) ⑫
(29) ③
(30) ⑩
(31) ⑮
(32) ⑦
(33) ①
(34) ②
(35) ③
(36) ⑤
(37) ⑩
(38) ④
(39) ⑨
(40) ⑪
(41) 학교 교
(42) 나라 국
(43) 남녘 남
(44) 큰 대
(45) 어머니 모
(46) 백성 민
(47) 넉 사
(48) 먼저 선
(49) ①
(50) ①

실전 모의고사 정답

8급 모의고사 2회 정답

(1) 서
(2) 대
(3) 남
(4) 생
(5) 여
(6) 외
(7) 한
(8) 국
(9) 부
(10) 연
(11) ③
(12) ①
(13) ②
(14) ⑤
(15) ④
(16) ⑦
(17) ⑨
(18) ⑥
(19) ⑧
(20) ⑩
(21) ⑩
(22) ⑦
(23) ③
(24) ⑪

(25) ⑥
(26) ④
(27) ①
(28) ②
(29) ⑤
(30) ⑨
(31) 가르칠 교
(32) 군사 군
(33) 계집 녀
(34) 동녘 동
(35) 나무 목
(36) 흰 백
(37) 메 산
(38) 날 생
(39) 작을 소
(40) 다섯 오
(41) ⑥
(42) ④
(43) ②
(44) ⑦
(45) ①
(46) ⑤
(47) ③
(48) ⑧

(49) ③
(50) ④

실전 모의고사 정답

7급 모의고사 1회 정답

(1) 기운 기
(2) 목숨 명
(3) 셈 산
(4) 움직일 동
(5) 배울 학
(6) 때 시
(7) 어머니 모
(8) 그럴 연
(9) 성씨 성
(10) 한국·나라 한
(11) 앞 전
(12) 셈 수
(13) 봄 춘
(14) 집 실
(15) 여름 하
(16) 바다 해
(17) 마당 장
(18) 종이 지
(19) 뒤 후
(20) 마을 촌
(21) 주인
(22) 전력
(23) 세상
(24) 왕국
(25) 색지
(26) 가장
(27) 전국
(28) 정직
(29) 변소
(30) 전화
(31) 자동
(32) 해군
(33) 국화
(34) 좌우
(35) 추석
(36) 청소년
(37) 교장
(38) 형제
(39) 수중
(40) 농촌
(41) 정오
(42) 대문
(43) 가수
(44) 휴지
(45) 기입
(46) 등산
(47) 공중
(48) 생기
(49) 시립
(50) 사촌
(51) 중국
(52) 내일
(53) 효심
(54) 식구
(55) ⑤
(56) ⑦
(57) ②
(58) ①
(59) ⑥
(60) ④
(61) ③
(62) ⑧
(63) ⑩
(64) ⑨
(65) ②
(66) ③
(67) 묻고 대답함
(68) 형과 아우
(69) ⑥
(70) ③

실전 모의고사 정답

7급 모의고사 2회 정답

(1) 안심
(2) 국기
(3) 산림
(4) 등장
(5) 입주
(6) 매년
(7) 만세
(8) 일기
(9) 명물
(10) 백성
(11) 편안
(12) 식수
(13) 차도
(14) 시내
(15) 차주
(16) 수학
(17) 동시
(18) 문답
(19) 전산
(20) 부동
(21) 외국
(22) 노후
(23) 입산
(24) 활기
(25) 초가
(26) 식목
(27) 지방
(28) 청춘
(29) 국군
(30) 형제
(31) 교실
(32) 만물
(33) 쉴 휴
(34) 남녘 남
(35) 할아버지 조
(36) 해 년
(37) 종이 지
(38) 노래 가
(39) 무거울 중
(40) 빌 공
(41) 오를 등
(42) 기 기
(43) 있을 유
(44) 번개 전
(45) 평평할 평
(46) 말씀 화
(47) 밥·먹을 식
(48) 골 동/밝을 통
(49) 길 도
(50) 마당 장
(51) 북녘 북/달아날 배
(52) 겨울 동
(53) ③
(54) ②
(55) ⑨
(56) ⑥
(57) ②
(58) ⑩
(59) ①
(60) ⑦
(61) ④
(62) ⑤
(63) ③
(64) ⑧
(65) ③
(66) ④
(67) 필요한 양이나 기준에 미치지 못함.
(68) 학교에 감.
(69) ④
(70) ⑥